［美］
克里斯·瑟伯
Chris Thurber

亨德里·魏辛格
Hendrie Weisinger
——
著

姜帆 译

如果父母这样支持我就好了

让孩子体会到引导、安慰和鼓励的力量

The Unlikely Art of Parental Pressure

A Positive Approach to
Pushing Your Child to Be
Their Best Self

机械工业出版社
CHINA MACHINE PRESS

图书在版编目（CIP）数据

如果父母这样支持我就好了：让孩子体会到引导、安慰和鼓励的力量 /（美）克里斯·瑟伯（Chris Thurber），（美）亨德里·魏辛格（Hendrie Weisinger）著；姜帆译 . —北京：机械工业出版社，2024.6

书名原文：The Unlikely Art of Parental Pressure: A Positive Approach to Pushing Your Child to Be Their Best Self

ISBN 978-7-111-75668-2

Ⅰ.①如⋯　Ⅱ.①克⋯②亨⋯③姜⋯　Ⅲ.①家庭教育–教育心理学–研究　Ⅳ.①G780

中国国家版本馆CIP数据核字（2024）第103174号

机械工业出版社（北京市百万庄大街22号　邮政编码100037）
策划编辑：刘利英　　　　　　　责任编辑：刘利英
责任校对：王荣庆　李　杉　责任印制：张　博
北京联兴盛业印刷股份有限公司印刷
2024 年 7 月第 1 版第 1 次印刷
147mm×210mm · 7.5印张 · 160千字
标准书号：ISBN 978-7-111-75668-2
定价：59.00元

电话服务　　　　　　　　　　网络服务
客服电话：010-88361066　　机　工　官　网：www.cmpbook.com
　　　　　010-88379833　　机　工　官　博：weibo.com/cmp1952
　　　　　010-68326294　　金　书　网：www.golden-book.com
封底无防伪标均为盗版　机工教育服务网：www.cmpedu.com

本书是为西莫妮达而写的，无论是作为养育孩子的搭档，还是作为朋友，她都是最棒的。本书也是为达查与萨瓦而写的，他们的赞美和批评给了我力量与鼓舞，他们的宽容与幽默给了我信心，他们对待他人的方式永远让我感到骄傲。

本书要献给布里和丹尼，他们极大地丰富了我的人生，也要献给乔希、亚历克斯、萨米、谢里、罗比、伊恩、莫莉、佩里、塔利亚、凯蒂和梅雷迪思，他们也丰富了他们父母的人生。

作者说明

　　你可能会想象，两个心理学家写了一本关于父母如何给孩子施加压力的书，肯定是因为他们需要在大庭广众之下宣泄一下内心的痛苦，但是我们俩的童年都没有太大的创伤。你也可能以为我们俩是自大狂，认为我们在养育自己的孩子方面做得完美无缺，想要大方地把自己的成功经验与世人分享。事实绝非如此。就像其他父母一样，我们犯了不少错误，在给孩子施加压力这件事情上也是如此。因此，本书既不是要做团体治疗，也不是要假装谦虚、实则自夸。相反，本书试图用正常的眼光看待我们想为子女做到最好的本能，并承认这种照料孩子的本能，可能会让教养变得不健康。因为有问题的教养会伤害孩子，妨碍他们成为最好的自己，所以这本书探讨的必然是很实际的问题。就连书名都很实际，没有玩弄辞藻。传统的智慧认为所有压力都是有害的，而有害的压力则是故意施加给孩子的。父母需要随机应变，具体问题具体分析。人际关系是复杂的、不断变化的谜题，每个人的行为都会影响另一个人的行为。为了保持健康快乐的交往，我们通常必须迅速做出调整。

　　这可能是第一本在开篇就说父母的本能可能出错，并承认父母会在育儿的过程中瞎编育儿经的书。这听起来很吓人，就好像在告诉司机，油门有时会变成刹车一样。但是无论如何，请不要紧张，因为在刚开始育儿的时候，并没有太多的路线可以遵循。幸运的是，本书并不是要大发牢骚。相反，我们写了简洁明了的14章内容，按照逻辑的先后顺序排列，逐步向你介绍教养过程中的8种转变。这8种转变与孩子的优异表现和心理健康有着紧密的联系。我们的引言和结语将各章限定在了社会文化的框架之内。此外，尽管我们明白年轻人是复杂的，并且承认每一段亲子关系都有科学未能解释的谜题，但我们还是以研究为基础撰写了这本书。最后要说的是，我们的文字都发自内心，我们努力地在每一页上真诚地表达心声，以父母的身份与父母进行交流。

为了让读者更好地理解我们看问题的视角，我们把自己的简短自传放在了下面。我们知道，其他父母在不同的背景下会形成不同的视角，因此我们鼓励所有读者分享给孩子施加压力的经历与不同观点。

克里斯·瑟伯博士

哈佛大学，1991年毕业；加州大学洛杉矶分校，1997年毕业

我在缅因州的海边长大。我是两个儿子中的老大，从幼儿园到12年级都在南波特兰的公立学校上学。在我的同学里，民族构成比较单一（大部分是白人，少数是第一代移民），主要是上班族和中产阶级。我学的课程在教育质量上高于平均水平，具有一定的竞争力，既有严谨的科学课程，也有专精某一领域的人文学科。我们一家能在美国国内和国外旅行，让我深感幸运。我弟弟和我也因此加深了对人类、地理、政治、语言、偏见和世界文化的了解。

我的父母（一个是精神科护士，另一个是家庭医生）都是创业者，他们先是在医院工作，然后都选择了私人执业。他们用自己的例子为我在学业和品格方面设立了很高的标准，所以我感到有些压力，总觉得他们有一种默默的期望，希望我也能像他们一样。无论我选择什么体育和艺术活动，父母都很支持，他们经常来观看我的比赛、运动会和表演。他们通常更重视我的努力，而不是结果，但我喜欢偶尔听见他们告诉祖父母我在游泳和钢琴方面有多棒。

在高中时期，我父母离异了。为了应对这种不确定性，我给自己施加了巨大的压力，要求自己在学业上取得好成绩。1986年，我考上了维思大学。当时，许多学生更关心聚会狂欢以及在道德问题上的公开表态，并不太关心学业；还有些学生在暗地里相互竞争，这种情况足以制造出一种阴险残酷的糟糕氛围。许多学生有很大的同伴压力，不得不伪装出虚假的样子。1987年，我来到了法国诺曼底，上了卡昂大学，与两个慷慨的寄宿家庭共处。在获得法语学位之后，我转学到了哈佛大学，攻读心理学学士学位。我觉得哈佛大学的压力是健康的、有活力的，而且这种压力背后有一种不言而喻的原因："这所学校的教师和设施都是一流的，所以学业上的任何不足都是你的责任。"

毕业后，我回到贝尔纳普夏令营实习，然后为一位教授做了9个月的研究助理。这位教授在马萨诸塞大学研究自闭症。1992年，我搬到西边，去加州大学洛杉矶分校读研究生。我在那里的儿童医院和区域医疗中心（现在的西雅图儿童医院）完成了临床心理学博士的实习，并且在华盛顿大学医学院获得了为期两年的康复心理学博士后资格。不久之后，我在贝尔纳普夏令营的辅导员工作有了新的发展，我开始与世界各地的夏令营和学校展开教育合作。1999年，我接受了菲利普斯埃克塞特学院的一份工作，担任心理学家和教师。那是一所位于新罕布什尔州海边的一所私立学校。我估计我把心理学导论这门课讲了不下 30 遍，为将近 2500 名不同的学生做过心理治疗，他们当中的许多人都说自己面临着巨大的压力。但是，引起大家注意的是我对另一项常见问题的研究——思乡病。我的思乡病预防项目让我登上了 CNN 电视台、《今日秀》(*Today*)、NPR 广播电台、《玛莎·斯图尔特秀》(*Martha*)、Fox 25 新闻台、CBS 电视台的《今晨新闻》(*This Morning*)、多伦多的《加拿大早间新闻》(*Canada AM*) 以及上海的《外滩画报》(*The Bund*)。该项目还在几个网站上举办。

我的妻子西莫妮达也是我最好的朋友。她在我们相遇的前几年刚刚从塞尔维亚移民到美国，她是一位化学家、音乐家，也是一位慈爱的母亲。我们有两个儿子，大儿子达查（生于 2002 年）和小儿子萨瓦（生于 2004 年），他们在 9～12 年级期间，先后就读于埃克塞特公立学校和菲利普斯埃克塞特学院。我们俩的教养风格相辅相成，西莫妮达为孩子们提供细致的指导，鼓励他们不懈努力、精益求精；我则为孩子提供更多探索的机会，让他们参与健康的冒险，增进自信心。就像我的合著者亨德里一样，西莫妮达和我尽了最大的努力去慈爱地养育孩子，从自己的错误中吸取教训，并理解孩子对我们的教养方式有何感受。

亨德里·魏辛格博士

温德姆学院，1970 年毕业；阿尔弗雷德大学，1972 年毕业；堪萨斯大学，1978 年毕业

我在纽约长岛大颈区长大。我毕业于大颈北高中，我觉得那所中学的竞争极其激烈。我的父母很少管我的作业，但他们曾说：

"只有你自己知道你有没有尽全力。"因此，我感受到的来自父母的压力是间接的，这种压力还常常让我感到一丝内疚。尽管如此，与学习比起来，我更关心打棒球和橄榄球，以及观看这些运动的比赛。事实上，在学术能力测验（SAT）预考那天，我和父亲准备去扬基体育场看一场西点军校对圣母大学的比赛。去看比赛的路上，我们路过我的高中，父亲看到一些学生和父母聚集在校外。他问我发生了什么事，我回答说："我不知道。"现在回想起来，我父母给我的压力，似乎就是让我承担行为的自然后果，并从中学到重要的人生经验。可想而知，我的成绩一塌糊涂，我不得不上暑期学校，去补习不及格的课程。与此同时，我的朋友都努力学习，进了顶尖的大学。我在449名毕业生里排名409。

与在学校不同的是，我的才智和创造力在家里蓬勃发展，这在一定程度上是因为我父母会问开放式的问题，并认真倾听我的回答。我父亲是DC漫画《超人》（*Superman*）的编辑，他每晚都会带漫画来给我看，我如饥似渴地一读再读。早上吃早餐时，他会和我一起讨论新剧情的构思。我还记得"如果超人这么做会怎样"的讨论能让我一整天都积极而有活力，现在想起来依然让我满心欢喜。我也会和父亲一起看电视，他经常问我："是什么促使那个角色做出那样的决定？""你会怎么改进这个故事？""接下来会发生什么？""你能猜到结局吗？"多年以后，我发现自己也在和孩子玩着同样的教育游戏，最后我把这种活动写成了一篇文章，叫《电视辅导》（"Tutored by Television"），发表于《电视指南》（*TV Guide*）。

高中毕业后，我上了贝尔纳普学院，那里的学生要么不擅长学习，要么长期成绩不佳，要么是被其他大学开除的。我则属于中间这一类。不用说，父母、教授和同龄人给我的压力微乎其微，直到我上了一位励志的心理学老师的课为止。然后一切都变了。有生以来第一次，我觉得做一名学生很有意义，而不是让我觉得厌烦。我记得在高中时期母亲曾对我说："有一天，你会真正对某件事情感兴趣，那时你就会有动力了。"她的声音在我的脑海中出现，带来了一些健康的压力，我那时才意识到她多么有先见之明。

后来我转学去了学风更严谨的温德姆学院，获得了阿尔弗雷德大学的学校心理学硕士学位，并且在堪萨斯大学读完了博士学位。自从20世纪90年代中期以来，我一直以写书和讲情商的实际应用课为乐。我的父母要是知道我的两本书《高效抗压行动法：提高抗压能力，展现最佳自我》（*Performing Under Pressure: The Science of Doing Your Best When It Matters Most*）和《人无完人：如何建设性地批评，取得积极的结果》（*Nobody's Perfect: How to Give Criticism and Get Results*）成了《纽约时报》评选的畅销书，他们一定会感到骄傲。

我喜欢分享有关压力、绩效表现、心理健康方面出人意料的发现，因为我看到，这些发现对于个人与组织的益处。事实上，我曾为世界500强企业、政府机构和专业组织（如年轻总裁组织）提供过咨询服务、举办过研讨会。我也曾在一些商学院的高管教育项目和MBA项目中任教，比如在沃顿商学院、加州大学洛杉矶分校、康奈尔大学、纽约大学、宾夕法尼亚州立大学以及哥伦比亚大学。我曾在一些媒体上露过面，包括《奥普拉脱口秀》（*Oprah*）、《今日秀》（*Today*）、《早安美国》（*Good Morning America*）、ESPN电视台以及NPR广播电台。我也喜欢教父母、夫妻、公司高管如何给予反馈，如何管理愤怒情绪。与克里斯一样，我喜欢做父亲。我一直在试图用我父母给予我的鼓励、自由和无条件的爱来养育我自己的孩子。

写作方式

我们努力用尊重的语气，从包容性的视角来写作本书，并且加入了幽默的元素。（没有幽默的教养就像吃咸饼干没有饮料就着一样，美味很快就会变得干巴巴的，最后变得可怕至极。）如果有具有代表性的研究支持我们的论断，我们就会提供注释。有几处题外话也很有意思，值得做一些注释。给特殊的术语下精确定义是很重要的，我们会在书中给出这些定义。为了把话说得更清晰易懂，防止误解，我们接下来说明我们对常见术语的定义、我们的风格，以及我们是如何呈现案例的。

父母

纵观全书，我们用"父母"一词来指代孩子的主要照料者，无论是否有血缘关系。虽然"照料者"可以是任何人，无论是兄弟姐妹、教师、教练、牧师、导师、亲戚还是家庭的朋友——他们为孩子的发展做出了贡献，但"父母"这个词在各文化中还有另一层意义，即"孕育后代的人"，以及"对孩子的成长负有主要责任的人"。我们所说的"父母"，在基因、政治、种族、民族、性别法律方面都不存在任何假设。尽管许多不同的人（如父母、同伴、教练、教师）、不同的文化环境因素（如媒体、信仰、语言、工作场所）都可能给孩子带来有害的压力，但我们在本书中选择将重点放在父母身上，因为他们对孩子的发展起到无人能及的作用。

焦虑与担忧

我们会用"焦虑"这个词来指代不舒服的紧张情绪、对于接下来会发生什么的痛苦想法，以及不愉快的生理唤醒（如颤抖、心跳加速、出汗和头晕）。许多感到焦虑的人都会试图回避导致痛苦的根源，尽管他们并不总能做到。临床工作者会将焦虑（anxiety）和担忧（worry）区分开来。前者是弥散性的，主要是躯体上的（以身体为基础），而后者是相当具体的，主要是认知上的（以想法为基础）。因此，学生可能会担忧他们怎么做拉丁文作业，但也会为自己未来的学业感到焦虑。担忧比焦虑更轻、更正常，而焦虑会让人感到无力。

心理负担与压力

我们会在第 3 章深入讨论心理负担（stress）与压力（pressure）的区别。我们姑且将心理负担看作任务或情境超出我们对自身应对能力预期时的感觉。相比之下，压力则是我们在某个重要的结果出现时所感受到的，而这个结果主要取决于我们的表现。例如，体操运动员可能会因为去参加地区性锦标赛时无法在夜间的火车上入睡而感到有心理负担，但是会因为他们的明星队长生病不能参赛，导致比赛获胜的重担主要落在自己身上而感到有压力。

"后代"的同义词

育儿早在幼儿园之前就已经开始了，但我们的重点在于学龄儿童、青少年和青年——年龄为 3～23 岁的人。我们会交替使用儿童、孩子、少年和年轻人这样的词，以便顾及人群的多样性，排除偏见。在学术语境下谈论年轻人的时候，我们偶尔会使用青少年、青春期的孩子之类的词来指代 12～20 岁的人和学生。我们会少量使用具有性别色彩的词，比如儿子和女儿，但我们没有任何假设，只是因为匿名案例中的虚构人物是这样看待自己的。指定角色的生理性别、性别表达、浪漫吸引类型是虚构案例的重要元素，我们选择添加这些细节。年轻人承受的许多压力与他们的身份认同无关，但有些压力则取决于他们的身份认同。

保密

我（克里斯）在波士顿待了 3 年，在洛杉矶待了 4 年，在西雅图待了 3 年，在菲利普斯埃克塞特学院超过 23 年，并且作为许多学校和夏令营的客座教师近 30 年之久。在这些年，我有幸能与来自美国 50 个州和近 100 个国家的年轻人、父母、工作人员和教师一起工作。我总结了这近 40 年的不同经历，为本书编写了具有真实性的案例。没错，这些案例是编写出来的，而且它们也是有真实性的。尽管如此，我一直通过糅合的方法来保护真实人员的隐私——角色的身份认同与故事细节是由不同年代、不同背景、不同人的故事中提取的元素融合而成的。对于具有真实识别性的内容，我会加入新的群体特征信息。

有时，我会为案例中的角色赋予姓名、国籍、民族和其他特征。我原本可以采用笼统的说法，比如父母、孩子、某种文化，但这样会让每个案例都变得乏味、不容易被记住。（我心目中的）事实是，无论是从共同点和差异性的角度来看，真正的年轻人都是鼓舞人心、令人难忘的。如果我在编写案例时不重视身份细节，无论是对案例还是对读者都是不好的。是的，那样很不好。那些选择跳过这些作者说明的读者可能会误解我，我甘愿冒这样的风险。感谢你读到这里。

案例

当你在阅读我们众多的案例时，请记住它们是：

1. **虚构的，但有真实性**。如上文所说，本书中所有的角色和其他组织实体都基于我们的研究和共同临床经验的组合。虽然这些内容准确地反映了现实世界的元素，但如果与任何真实人物（无论在世与否）或其他真实组织实体（过去或现在的）有任何雷同，都纯属巧合。所有提及的学校都是指一般性的学校，而不是具体哪家教育机构。我们描述的都是虚构的混合体，结合了我们参观过的上百所学校的真实特征。

2. **有代表性，但不以偏概全。** 我们在六个大洲都工作过，我们选择的名称、场所和其他细节，能够代表各大洲青少年的许多（而不是全部）方面。我们的角色描写不是为了用刻板印象来看待真实人物或群体的一个或多个方面。诚然，有的刻板印象有些真实的成分，但我们举的例子是想说"请想一想这个父母、孩子和环境可能代表了什么"，而不是"这个父母、孩子、环境代表了其他有类似身份的人"。相反，案例不可能代表所有家庭或个人的特点。本书只是一本书，篇幅是有限的。所以，如果有些读者觉得我们的案例没有充分地代表他们，我们希望他们能看到，我们的写作理念忠实地反映了他们的困境。

3. **有批判性，但心怀敬意。** 我们写的大部分案例都是为了说明有害的压力，这是本书的主题。因此，我们在描述父母、孩子或者他们之间的关系时，并不总是在赞扬。尽管如此，我们希望读者能记得我们的初衷：我们试图通过描述不健康的想法、行为和情绪来说明全世界人民的痛苦和挣扎，而不是为了诋毁任何个人、家庭、群体、国家、种族或机构。作为父母，我们（克里斯和亨德里）也会遇到困难、犯错，并尽力做到最好。对于每一个同样努力养育快乐、健康的孩子的个人和组织，我们都心怀敬意。

引言

在世界各地，慈爱而心怀好意的父母都在给孩子施加不健康的压力——这种压力会削弱年轻人的创造性、动力、情绪健康、社会性发展以及求知欲。这种督促孩子上进的做法是适得其反的。这是给孩子施加压力的主要矛盾。

对于什么对孩子最好，父母都有自己的选择。从备孕的父母应该吃什么，怀孕时应该给胎儿听什么音乐，到孩子出生后应该准备什么益智玩具，以及哪种智能手机套餐最能够促进亲子关系，父母很容易执着于孩子的发展而无法自拔。社会、民族、文化、教育、政治等方面的因素也会对孩子产生影响。不出所料，成千上万的书和大量学术期刊文献都在宣称某种育儿方式对孩子最好。为了节省你的时间，我们已经把这些资料都读了个遍。

好吧，其实我们没有读完。不过我们选择性地浏览了这些文献，寻找新的想法，直到发现这些书和文章说的基本上都大同小异为止。像你一样，我们有时也会对书籍、杂志、电视节目、姻亲、博主、旁观者以及其他父母（包括我们自己的父母）提出的建议感到困惑和恼火。然而，从有关"父母施加的压力"（parental pressure）的文献中，我们总结出了一条非常一致的信息：父母给孩子的压力太大了。

这在我们看来完全没有道理。父母为什么要越来越多地做那些有损孩子的良好表现、伤害他们心理健康的事情？像许多人类学家[1]一样，我们将父母看作"理性的行动者，他们利用自己对于世界的共同知识，适应自己的社群，并在其中做出复杂的决策"，他们会"形成一定的发展目标和照料策略（即文化模式），最大限度地促进孩子获得具有文化价值的技能与性格特点"[2]。然后我们意识到：施加压力是父母的本能。"多大的压力才合适"这一流行的问题，实际上是一个错误的问题。

　　本书关注父母如何施加压力，而不是施加多少压力，在大众媒体的喧嚣中独树一帜。而且与多数育儿书籍不同的是，这本书不会教你如何改变孩子，而是会敦促你改变自己。大多数育儿书籍仍采用这样的思路：如果你的孩子有问题，那就教他们应对自己的感受，改变自己的行为。然而我们的方法与此截然不同，远远没有这么独断专行。我们会说："许多孩子的问题是关系的问题，这意味着孩子和父母可以一同解决问题。"

　　事实上，这本书讲的不仅是如何用健康的方式勉励孩子，也是如何勉励作为父母的我们。所以，做好准备吧。这个过程并不轻松。我们的建议一开始会让人感觉不舒服，因为它们挑战了传统智慧。我们会敦促你直面这种不安，在自己的进步中找到些许满足。我们也会敦促你根据自己的情况，调整我们提出的概念，以适应你家的风格与传统。通过养成健康的施压习惯，你就能贡献自己的一份力量，减少不健康压力所带来的严重抑郁、焦虑、物质滥用、辍学和自杀。

　　我们大多数人都和伴侣、教师谈过该给孩子"施加多大的压力"，也对孩子熟知如何"惹火我们"而感到惊讶，并且十分希望孩子能"多下点儿功夫"，或者我们会"有一种强烈的愿望"，希望孩子能达到某种发展的里程碑，比如学会阅读。

本书中引用的研究与故事，见证了父母在引导孩子成为最好的自己时所面临的困境。我们给孩子压力，是因为我们关心他们，但由于方法不当，我们阻碍了孩子的进步，制造了问题。当然，学习新的育儿方法需要时间。同为父母，我们很高兴你们选择阅读本书。请继续倾听你脑海中那个不断提供宝贵建议的声音，不过今天要做一些适度的调整，这样你明天就能成为更有成效的父母。一周接着一周，你对勉励孩子的方式不断做出适度的调整，他们的心理健康和整体表现也会产生越来越可喜的变化。

我们对于坚持的鼓励，与《爱丽丝梦游仙境》（*Alice's Adventures in Wonderland*）中渡渡鸟在赛跑中的判罚是不同的。当被要求宣布这场混乱赛跑的获胜者时，渡渡鸟高声喊道："每个人都是赢家，人人都有奖品！"生活有时看似一场混乱的赛跑，但不是每种育儿方法都应该赢得奖品。勉励孩子的方式有对有错。坚持高标准，一如既往地给予温情，树立良好榜样，鼓励、允许孩子承担健康的风险，以及从错误中吸取经验教训，这些都是促进青少年积极发展最有力的方式。相比之下，狭隘地定义成功、用"不成功，便成仁"的态度看待成败，会将健康的压力迅速转化为有害的人际互动，使孩子表现恶化，破坏他们的情绪稳定，并损害亲子关系。

除了这种令人沮丧的讽刺结果以外，我们还有一项令人振奋的发现：我们父母有能力将有害的压力转化为有益的压力。剧透预警：在不同的时候，所有父母都会给孩子施加有害和有益的压力。事情一直都是这样的。只不过在过去几十年里，父母施加的不健康压力才成为一种有详细记载的危机。因此，本书的目标是给父母指明健康的道路，并提供多种实用工具，确保他们凭本能给予孩子的压力能够促进发展，而不是带来痛苦。

前方的路

本书的脉络是这样的：

- 在第 1 章，我们会提供两个例子，说明父母施加有害压力能够造成难以察觉的危害。首先从父母的角度阐释，然后从孩子的角度阐释。

- 在第 2 章中，我们会解释"表现悖论"及其狡诈的"孪生兄弟"——"目的悖论"带来的有害后果。

- 第 3 章的标题是"健康的压力如何促进青少年的发展"，我们在明确地区分了健康与有害的压力之后，阐述了健康的压力如何积极地促进青少年的发展。

- 我们在第 4 章"正确对待孩子对你的指责"中变得有些尖刻，我们知道父母承受了孩子给的许多压力。我们会解释压力的来源，从而帮你为这种情况预先做好准备。

- 在第 5 章中，我们提供了 8 种实用转变方法中的第 1 个，能解放父母，让他们摆脱"压力型父母"的角色，自信地扮演"支持型父母"的角色。

- 当然，我们只有评价一些流行文化中的育儿标签，才能创造出新的术语。第 6 章会让你对自己育儿的评估更加清晰。

- 第 7~12 章谈到了 6 种更实际的转变，有助于你巩固"支持型父母"的角色。我们会用故事、表格和研究来说明竞争、情绪表达、共情、倾听、赞扬、批评、提问以及父母参与的健康方面。

- 在第 13 章中，我们解释了父母施加的有害压力与有害的社会压力、文化压力是如何相互作用的。我们提出的第 8 种转变（也是最后一种）概述了父母可以如何对抗这种破坏性因素的组合。

- 在最后一章中，我们额外提供了一些指导，作为我们 8 种转变的补充。你将学到更多关于如何帮助孩子在压力之下表现良好的知识。我们也会从哲学的层面上讨论勉励孩子的方法以及其他照料孩子的理念——这些是值得我们为之努力的。

- 我们的结语是对父母和教育工作者的呼吁。虽然对教育的高期望是有害压力的来源之一，但这种期望有着强大的力量，也是可以改变的。有了父母的支持，教育工作者也许能够以身作则，促使其他高压力的亚文化圈产生健康的改变，例如一些社区、公司和重点学校。

在本书中，我们没有建议父母不要给孩子压力。事实上恰恰相反。如果父母能将高标准、合理的规则、无条件的爱与允许孩子自己做一些决定、踌躇、从错误中吸取教训结合，我们就赞同这种平衡的压力。我们大力支持这种慈爱的压力：父母将共情和关怀注入其中。我们鼓励有效表扬、批评与提问带来的诚实压力。我们恳求父母与文化、身份认同、同辈、社会与经济的压力做斗争——这些有害的压力不是父母造成的，但只有他们的爱才能将其消除。

为你养育孩子的良好方式而自豪吧。要知道，尽管你可能给了孩子一些有害的压力，但这意味着你是普通人。请多一份谦逊，但不要苛责自己。糟糕的是这种"给孩子压力"的流行病，而不是你。

最后，在你阅读这些章节的时候，请记住施加压力的"方法"比"多少"重要得多。

目录

第 1 章

拼命给孩子压力的妈妈和
严重抑郁的女儿

不论年龄大小，所有的孩子都至少需要一个温暖、可靠的成年人，相信他们，给他们安慰，尤其是在困难的时候。大多数父母都记得孩子在难过时来到他们身边的样子。典型的例子可能是抱怨"我讨厌学校，作业太多了，这周末什么有意思的事都做不了了"。大多数父母也会记得他们为孩子的苦恼给出的"明智建议"，比如"是啊，不过学习很重要，所以我们看看你的作业，考虑一下你应该先做什么"。还有，大多数父母都会记得孩子用各种恼火的口气把他们的支持顶了回去，比如"别对我指手画脚""别对我说教"或者"你根本不懂"。到底发生了什么？父母试图帮忙，而孩子却拒绝他们的帮助。我们会想"你不懂"是什么意思？我懂的可不少，所以我才给了你很棒的建议！

如何解释这种令人沮丧的争执？答案是视角不同。父母和孩子对于同一问题的看法往往截然不同。在这个例子里，无论孩子是在小学二年级还是大学二年级，他们想要的都是共情。他们想要父母感受他们的痛苦，承认他们的失望。相反，父母不是第一次见到孩子闹这一出了，他们想让孩子在事情恶化之前尽快解决问题。然而，正如我们稍后在第10章讨论的那样，将问题解决放在共情之前很容易引起冲突。无论父母的意图是什么，现在只须理解父母的观点可能与孩子的天差地别，这种不同可能会带来出乎意料的影响。压力比一晚上繁重的家庭作业要复杂得多，但父母和孩子对压力的感受也是不同的。请看格洛丽亚与莉兹的例子，这对母女的关系和个人的快乐都被不健康的压力破坏了。

拼命给孩子压力的妈妈

格洛丽亚已经结婚了，但那晚她感觉自己像个单亲妈妈。她丈夫阿贝尔又出差了，在另一个时区努力工作。他们的女儿莉兹也在离家很远的地方努力学习。莉兹在一所独立学校（位于第三个时区）学习、参加田径运动，现在感受到了母亲给她的巨大压力。等等，家人之间相隔这么远，母亲给的压力怎么会成为问题呢？

格洛丽亚看着手机上的时间，意识到自己要提高工作效率，因为莉兹可能已经醒了。格洛丽亚希望莉兹能度过美好的一天，所以她必须在睡前再完成一项任务。厨房里的灯是关着的，但透过厨房窗户的街灯足以让她看清桌椅。她坐下来，敲击笔记本电脑的空格键，点亮了第二个光源。

格洛丽亚用莉兹的用户名和密码，登录了学校网站中的学生门户网站。她购买的虚拟专用网络（VPN）让她能稳定地访问国外网站。这种高级的 VPN 也能隐藏格洛丽亚的电脑 IP 地址，给她的按键顺序加密，让她通过一个遥远大陆上的服务器访问网站。格洛丽亚不知道的是，在这片大陆上生活的莉兹正在去见心理治疗师。她脑海中隐约萦绕着自杀的想法，于是放慢了脚步。

　　在笔记本电脑的屏幕上，一个小小的动画图形正在绕着圈，表明网站浏览器正在等待响应。格洛丽亚摘掉眼镜，揉了揉眼睛。她想，我们差不多让莉兹做了 17 年的准备，才有了今天的成就，我想我可以多等 30 秒，让门户网站打开。她想念莉兹，就像任何慈爱的父母在孩子离家时那样。她想起告诉丈夫自己怀孕了的那个周六下午。这个孩子现在就是我们的生命，她对阿贝尔说，我们俩都必须更加努力地工作。从那天起，他们就把大部分的时间和收入都投入在了莉兹的教育上，对她来说只有一个目标：成功。他们相信，如果莉兹能在一个或多个方面胜过高中同学，那么成功升入大学，并最终在职业上、经济上获得成功的可能性就会大大提升。

　　莉兹上小学的时候，格洛丽亚会中途离开公司，开车去接她放学，再把她送去当地大学教师开设的私立数学和英语辅导中心。上完辅导班后，莉兹和她最好的朋友要走两个街区，去上花样滑冰课，之后莉兹的父母会在下班的路上接她回家。在不出差的时候，阿贝尔会协助莉兹完成作业，格洛丽亚则为女儿准备午餐，以便第二天带到学校去。大多数时候，阿贝尔都不在家，格洛丽亚既要辅导女儿写作业，又要做饭。

　　笔记本电脑发出了"哔哔"声，格洛丽亚的注意力迅速回到了她的事情上。熟悉的登录页面打开了，她推了一下眼镜。即使因致命病毒在全球传播导致学生必须在线学习之前，大多数学校就已经购买了学习管理系统——这种系统能让教师方便地上传数字化的课程内容、考勤、考试成绩。过去的经验让格洛丽亚知道如何在管理系统中找到"我的课程"。她吸了口气，满怀期待地吐了一口气，然后点击了"生物学 410"。下一个页面列出了这门课的作业和考试成绩。莉兹在这门课上付出了最多的汗水，留下了最多的眼泪。她现在的分数是 B+。只要昨天的考试得分超过 94，她就能得 A-。格洛丽亚找到了"考试 3"那一栏的数字：91。

格洛丽亚盯着这个数字，知道这个分数不足以把莉兹的成绩提到 A。不过，在线教学大纲还列出了三份打了分的作业。也许还有希望，还可以制订提高分数的策略。按照大多数标准来看，百分制的 91 分无疑是很优秀的成绩。当然，除非莉兹的大部分同学都在 95 分以上。这样一来，91 就相对较低了——太低了，根本不足以让莉兹的成绩脱颖而出。除非……

格洛丽亚点了点手机上的软件，打开了个人与群组的聊天列表。她在屏幕最上方找的了她要找的东西。这个聊天组里都是莉兹同学的父母，这些同学也要在同年毕业。这个群聊也是一种潜在的测量工具，一种粗略计算概率的工具。她把这条信息发到群里：

生物学 410 还是最让莉兹头疼的科目。要背的东西太多了！昨天考试得分 91。

格洛丽亚没有用形容词来描述莉兹的分数，这是为了不动声色地引诱其他父母（主要是妈妈）分享孩子在这第三场考试中的成绩，为了了解莉兹的成绩在同学中排名如何，为了判断是否要在生物学补习上花掉一部分可支配收入，也是为了方便格洛丽亚和阿贝尔进一步估计孩子明年被顶尖大学录取的可能性。群聊中的短短一条信息，就能带来许多重要的回应。这些回应能影响格洛丽亚的心情、夫妻的投资、家庭的社会地位，以及莉兹的求学道路。

父母的行为是理性的还是极端的

你可能觉得格洛丽亚的动机和做事方法都太极端了。但是，只要涉及我们的孩子，我们都想给他们最好的，而我们都愿意做出牺牲，为孩子提供最好的东西。也许格洛丽亚的行为是理性的，但这件事很极端。当然，理性并不总是正确的。2019 年，美国联邦调查局的"蓝色校园行动"（Operation Varsity Blues）揭露了 33 名父母在 2011~2018 年向埃奇高校与职业生涯咨询网站（Edge College & Career Network）的所有者威廉·里克·辛格（William Rick Singer）支付了 2500 多万美元。辛格利用这笔钱中的一部分为学生伪造标准化考试分数，编造个人事迹，贿赂大学体育教练和行政人员，以便安排这 33 名同谋者的子女进入美国顶尖大学。[1] 很少有父母开得起数十万美元的支票，能利用特权贿赂学校以录取孩子的父母就更少了。然而，有些人这样做了，这体现了当今世界许多地区的父母所感受到的压力。为了让孩子在日益激烈的竞争中占据优势，在人口越来越多的世界上脱颖而出，获得作为名校精英的吹嘘资本，父母感到压力重重。这种压力已经成了我们这个时代的社会情绪流行病。

美国心理学会的新闻杂志《通讯》（*Monitor*）近来刊登了一篇

文章，谈到越来越多的学生因焦虑和抑郁而前往大学健康中心求助。这篇文章总结了一些研究，这些研究证实了中学、高校临床工作者几十年来一直在说的话：学生的心理健康正在以惊人的速度恶化。[2] 在全美各地的高中和大学，从事心理咨询和心理服务的临床工作者要见的学生人数远超他们的接诊能力。

在此前的一份报道中，美国心理学会总结了"哈里斯民意调查"对美国 1018 名青少年和 1950 名成年人的调查结果。这两组人对于"健康心理负担水平"的看法大致相同：青少年认为，在最大为 10 分的心理负担中，3.9 分是健康的，而成年人则认为是3.6 分。然而，这些青春期的孩子却认为他们在上学时的心理负担（5.8 分）远超他们心目中的健康水平。夏季的心理负担水平较低（4.6 分），但仍然是不健康的。这项调查表明："许多青少年还表示，由于心理负担较大，他们感到不堪重负（31%）、抑郁或悲伤（30%）。超过 1/3 的青少年表示感到疲劳、疲倦（36%），近 1/4的青少年（23%）表示曾因为心理负担而吃不下饭。"[3] 美国心理学会的"美国的负担"系列调查（*Stress in America*）中的后续研究发现，政治分歧、种族不平等和新冠疫情都导致了人们自评的心理负担水平提升。

为了阐释我们在"作者说明"中给出的心理负担的定义，请思考一下心理负担的来源。心理负担的来源有时是外在的（来自个人外部，比如父母或即将到来的考试），有时是内在的（来自个人内部，例如反复思考最糟糕的可能性）。正如负担可能是施加在物体上的一种力（比如一堆又重又湿的雪压弯了树枝），心理负担也可能是施加在人身上的一种力（比如一堆繁重的课程让学生跟不上进度）。

好吧，可为什么年轻人的心理负担越来越大呢？如果人类的心理负担是一种由逆境或严苛的环境所导致的身体、心理或情绪紧张状态，那我们就必须要问：我们给孩子的任务比以前更难了吗？还是说，任务难度并没有变，而是孩子的应对能力急剧下降了？有没有可能，任务和应对能力都没有变，只是孩子对生活的困难和自身的应对能力有了误解？这三方面因素可能都对年轻人自述的心理负担水平上升起到了作用，即便是在新冠疫情之前也是如此。[4] 我们要在这里提出第四个因素：父母。慈爱、善意的父母。

父母给孩子的压力会造成不可否认的伤害

心理负担的来源和形式有许多，但有研究证据表明，在引发的情绪强度方面，没有一种心理负担能与父母给的压力相提并论。宾夕法尼亚大学近年来有一项研究表明，在 421 名学生当中（227 名女生，194 名男生），有 19.4% 的人考虑过自杀，因为他们的父母为了让他们取得优异的成绩而给他们施加了极大的压力。[5] 讽刺的是，皮尤研究中心的一项研究表明，大多数美国成年人（56%）认为父母给孩子的压力太小。[6] 只有 15% 的人认为父母给学生的压力太大。然而，印度和日本的成年人却有相反的看法：在这些国家接受调查的成年人中，分别有 61% 和 59% 的人认为父母给学生的压力太大。

无论父母对于压力的感知和施加方式有哪些文化差异，这种压力对于全世界年轻人的实际伤害是不可否认的。鉴于大家对于年轻人所说的巨大压力有了更多认识，许多有创意的记者和执业心理健康专业人士纷纷在网络和纸质媒体上提供了学业、体育、艺术和社交等方面压力的应对方法。但是，没有人提出从源头开始预防父母施加的压力。我们认为这是因为父母给的压力无法预防。我们还认为，如果父母不明白为什么他们施加的压力是不可避免的，并下决心将有害的压力转变为健康的，这个问题就会愈演愈烈。

父母给孩子压力，是因为他们关心孩子。任何博客文章、焦点讨论小组或者科学调查都无法否认这一点。此外，父母自身也承受着巨大的压力，无论是个人生活的，还是工作上的压力。我们大多数人也会根据孩子的表现来评判自己，也会感到别人在因此评判我们。心理健康工作者和专业教育工作者不断争论父母给孩子多大的压力才是"适当的"，根本没有改变父母面临的压力。现在不一样了。

本书提出了一个响亮的呼吁：不要再指责父母做了一件自然而然的事情，也不要再问错误的问题。忘了"父母施加多大的压力算大"吧。为了孩子和我们自己，我们应该开始问"父母施加哪种压力才健康"，以及另一个相关的问题"父母该如何将有害的压力转变为健康的压力"。这些问题的答案很有意思、充满希望，而且很实用。如果你有改变的动力，哪怕只有一点点，那么这本书就是为你而写的。

格洛丽亚的故事让我们看到了承受压力的父母是什么样子。她一心一意地照顾莉兹，全身心地投入到女儿的学业生活中去。她的投入可能有些过度了，但到目前为止，我们还很难看出为什么格洛丽亚的行为让莉兹想要自杀。要理解伤害，我们就需要从孩子的角度来看问题。我们需要知道莉兹如何看待父母给她的压力。

坚持不下去、不得不向心理服务中心求助的女孩

在独自坚持了几个月后，莉兹向咨询与心理服务中心求助。她向我描述了她所面临的"双重打击"："我要在所有课程上拿 A，我都快疯了，但如果我父母知道我去看心理医生，他们也会疯的。此时此刻，我本该用这段空闲时间学习生物或者练习柴可夫斯基的曲子。此外，你知道心理健康问题——任何问题，对其他妈妈来说都是有趣的谈资。"莉兹停顿了一下，"我猜这样看来应该是三重打击，而不是双重。现在你知道我为什么想死了吧，瑟伯博士。"

当我问她，其他学生的父母怎么可能知道她在看心理治疗师时，莉兹疑惑地看着我。"用手机软件啊，瑟伯博士。手机软件。"

多年来，我一直知道，从孩子入学的时候起（无论是幼儿园、预科学校还是大学），父母就会蜂拥到智能手机的聊天软件里，开始谈论孩子的经历。在亚洲、非洲和南美洲，大多数父母会用 WhatsApp。在中国、韩国和日本，主流的软件分别是微信、Kakao Talk 和 Line。北美、澳大利亚和欧洲的父母则主要用 Facebook Messenger 和 WhatsApp。说英语的父母会使用 Facebook 和 Instagram（Facebook 旗下的产品），通常是为了炫耀自己的子女，但与使用专门的聊天程序相比，这种炫耀方式没那么直接。这一切发生得很快。例如，2018 年 12 月 13 日，哈佛大学在 6958 名提前录取的申请者中录取了 935 人。第二天，哈佛大学 2023 届

学生的 Facebook 父母群就已经建好，并且成员迅速增长到了490 人。

父母喜欢的平台各不相同，但这些线上社区的明确目标一直是不变的：提供轻松愉快的社会支持，随意地分享学校信息。现实情况是，当莉兹向妈妈透露她在微积分考试中得了 98 分时，她妈妈在几秒钟之内就会在群聊中与其他父母分享这个消息。当然，父母通常不会分享得低分的消息——这种做法在世界范围内都是一样的：在展示虚拟生活时，我们会放大自己的成就。

真正危险的是，莉兹的母亲拥有她的学生账户和学习管理系统的密码。对大多数学生来说，让父母知道他们有什么作业，应该什么时候交作业，只会让他们觉得父母管得稍微有些多。让父母知道自己的成绩则完全不同，至少这个年纪的孩子是这样看的。很多父母在有意无意间认为，成绩反映了学业表现，而表现反映了才华。才华能让你进入一流的学校，而一流学校则是放之四海皆准的名望的标志，无论是中学还是大学。当然，名望在有些圈子里是有分量的，但名望不是万能的。我们对孩子的自豪之情，怎么会变得与文凭上的学校名称有关，而不是与文凭上的学生名字有关？

莉兹叹了口气，皱起了眉头。"当然，妈妈知道我要考试了。考试后的第二天，她每隔半个小时左右就会上一次网，老师一发布成绩，她就会马上查看。多半其他父母和学生会比我更早知道我的考试成绩，这只是最疯狂的部分之一，瑟伯博士。"

"甚至当你都还没来得及看到成绩的时候，你妈妈会将你的成绩发布到聊天软件上的父母群里。"我说道，试图总结和理解她说的话。

"没错。有时候她只是在群里说我考得很好，但不提分数。不管怎样，很多母亲会把我的分数告诉她们的孩子，或者说我考得很好等，尽管严格地说，这与他们毫无关系。"

"甚至不必严格地说。从一般的伦理道德上说也是如此。"我试图共情，但又不想显得太吃惊或表现出评判的态度。

"我不知道哪种情况更糟，"莉兹继续说，"是其他孩子阴阳怪气地来找我，说'哦，你上次数学考了 A-，哪里没复习到吗？'，还是其他孩子会从他们父母那里听到诸如这些的废话，'我听说谁谁得了 A。如果你好好学习，你也能得 A。也许我们从一开始就不应该送你去那么贵的学校读书'。"

莉兹的语气听起来柔和了一些，但有些疏远。"难怪我一半的朋友都想自杀。他们累得像狗一样，每晚只睡 4 个小时，而那些本该支持他们的人却告诉他们，'你不够努力''你不值得我们花钱'或者'你真让我们家丢脸'。"

"四面八方的人都在给你压力，你的父母、其他孩子、老师，还有你自己，"我说，开始感到有些无助，"他们有时会让你感到羞耻。"

"许多孩子都有来自父母的压力。我能应付得来，即使他们威胁说如果我考试得 B 就让我退学。你以前肯定听过这种话，瑟伯博士。你知道的，就像'我们花那么多钱给你交学费，可不是为了让你得 B，然后去上什么野鸡大学'。"莉兹抬头看着我，我可以看到她的眼睛湿润了。她继续说："但真正糟糕的是，我感到了一种来自其他孩子……竞争……或者说比较的压力，这种压力完全是由父母带来的。"

"你父母搞得好像世上只有一个值得去赢的大奖。"我说。

"显然如此。"莉兹答道，"这就好像，如果我没被这所或那所学校录取，我就是彻头彻尾的失败者。你知道我说的是哪些学校，瑟伯博士。如果是这样的话，我为什么还要努力？"

"如果成功的定义如此狭隘，失败的后果如此严重，你大概很难集中精力，很难在学业上做到最好。"我想，她父母不太可能因为她得了 B 就让她退学，但她担心他们会这样做，这就是她眼中的现实。

"欢迎来到我的世界。"莉兹带着讽刺的苦笑说道。她仰着头，睁大眼睛，不让眼泪流出来。

"嗯，我很高兴你来了。"我说，"你要应付的事情很多，我能明白环境如何改变了你对于学校……对于自己的感觉。我想，也改变了你对父母的感觉。"

我指出，我们的见面不仅是保密的，而且是免费的（也就是说，费用已经包含在学生每年的健康服务费用里了），莉兹却不同意。"他们会追踪我的手机，瑟伯博士。他们会知道我来健康中心了。别担心。我已经想清楚了。我可以撒谎说我感冒了什么的。"莉兹知道我接下来会说什么，她补充道："不行，我不能把手机关掉，那样他们会更怀疑的。"

对于莉兹来说，不但父母给的压力是明显的、专制的，而且由于同龄人之间快速而公开的比较，以及她迄今为止的优异表现，这种压力变得越来越大。

"你不知道这是什么感觉，"莉兹说，"我表现越好，我就越担心下学期，甚至下一次考不好。就连我的升学辅导员也在去年年底对我说，'恭喜你平均分达到 94 分。分数可不能掉下来，不然招生委员会会想知道出了什么问题'。说到这儿，我得去学拉丁语了。我们只聊 30 分钟可以吗？"

我用了个老套的过山车比喻，试图生动地描述她的情绪。"不对，"莉兹不同意，"过山车起起落落，最后会停下来。我就像坐上了一架不停加速的火箭。我不但不能下来，我还不知道火箭什么时候会散架，因为它承受的压力已经超出了它的承受范围。"

在那次会面剩下的时间里，我评估了莉兹的情绪。她一直都有心理负担和不健康的压力。这些负担和压力造成了一些典型的抑郁症状：悲伤、对曾经能带来快乐的活动不再有兴趣和乐趣、精力不足、缺乏内在动力、难以集中注意力、食欲改变、失眠。她看上去很疲惫，但从不在课堂上睡觉。事实上，她的出勤率很高，学业成绩很优秀，这也能说明为什么她的指导老师和教师都没有怀疑她有严重的抑郁症。甚至连她的三个好朋友（其中两人是室友，另一人是校报办公室的同学）都不知道，或者至少没有表示担忧。虽然莉兹跟我说，她有时候觉得活着没什么意义，但她没有自伤或自杀的意向。尽管如此，我还是仔细确认了她是否了解如何联系值班的咨询师，并推荐了一些健康的应对方式。令我欣慰的是，她同意下次再见面。

第 2 章

教养的两个悖论带来的有害后果

就在你拿起这本书的几天之前，四部手机的闹钟在黎明前响了起来，把四位父母吵醒了。

在加利福尼亚州的洛杉矶，雅各布的父亲叫醒了 13 岁的儿子，让他去洗澡，吃掉半根蛋白棒，然后去弹奏勃拉姆斯第二钢琴协奏曲的第一乐章，并把录音发送给远在瑞典斯德哥尔摩的老师。

在德国柏林郊区，布鲁诺的父亲叫醒了 11 岁的儿子，把两袋食物塞进了他的背包。然后，布鲁诺就要乘坐大巴去参加奥林匹克少年跳水队的第三轮选拔。

在中国深圳的市中心，金苏的妈妈叫醒 8 岁的女儿，叫她去阅读英语卡片，然后吃米粥早餐，再和奶奶一起步行去上学。

在印度德里，16 岁的卜纳姆已经醒了 25 分钟了。这时她妈妈敲了敲门，打开了她和妹妹的卧室门。笔记本电脑发出的光芒让卜纳姆的脸呈现出幽灵般的色彩，让她的眼袋在抬头的时候显得更加明显了。卜纳姆的目光回到屏幕上，继续和美国大学招生顾问进行视频会议，她的妈妈露出了微笑。

每天早上，父母们在醒来之后，都会催促孩子去做他们的事情。许多儿童和青少年可以去上学。还有些孩子则没那么幸运，他们要去工作，给家里帮忙。最贫困的孩子要到外面寻找食物，其中有些人没有父母或其他照料者来帮助他们开始一天的活动。有些年轻人会去到处寻找，看看有没有成年人会给他们扔下一枚硬币，或者付钱让他们提供服务，不管这种服务有多丢人、多危险。

就和孩子的家庭、文化和照料者一样，孩子感受到的压力也千差万别。填饱肚子与填写履历的压力是完全不同的。然而，所有的孩子都有一个共同的需求，那就是他们需要爱。事实上，孩子为了表现自己的能力，为了让自己看上去值得被关注、被喜爱（尤其是在父母的眼中），他们几乎愿意做任何事情。因此，父母给的压力尤其有效。

年轻人会本能地渴望和争取父母的爱，只有父母保护孩子的动力才能与这种本能相提并论。这两种力量共同创造了对人类生存至关重要的亲子联结。与身体虐待、被遗弃相比，父母给的不健康压力似乎微不足道，但同样可能对孩子造成比较严重的伤害。年轻人渴望和争取父母认可的本能，让他们特别容易受父母施加的压力影响。

父母也会在生理上感受到与生俱来的压力。我们会尽最大努力提高后代生存与成功的机会。这种行为是值得称赞的，至少在促进生存的方面是这样的，因为生存是很容易定义的事情。成功则更难以定义，因为对未来的担忧会影响我们对成功的理解，而文化的特点（由我们所塑造，有时还是在无意间塑造的）也会扭曲我们对成功的看法。因此，父母施加的压力是有益还是有害，取决于父母如何定义成功。

作为父母，我们会不时修改我们对成功的定义，通常是为了让这些定义与我们的价值观保持一致。例如，当我们儿子的运动队主教练开始用严厉而武断的训练方式时，我（克里斯）和妻子就会和儿子们坐下来谈论这种现状。我们一致决定，在赛季结束后不再参与这项运动，把更多的时间放在音乐上——练习乐器，参加学校的男生乐队和管弦乐队。我们选择不把成功定义为名次和奖杯，也不会为了成功而放弃快乐与文明礼貌。像这样的决定是因人而异的，不同的家庭面临的选择有着很大的不同。因此，我们有意避免告诉读者该怎么做。（至少我们努力不提强制的要求。）用你家的价值观、你们面临的选择来塑造你对成功的定义，用你的内心决定你会如何向孩子传达这种定义。然后，再让本书的后续章节来引导你如何给孩子施加压力，帮助他们取得成功。

长久以来，善意的父母一直在用狭隘的、"不成功，便成仁"的方式定义成功，这在无意中损害了孩子的身心健康。为孩子灌输这种"高风险"的思维模式，就会开始为他们施加有害的压力。与其他有害压力结合在一起，父母对成功的狭隘、"高风险"定义就可能把年轻人推到惊恐、绝望、丧气甚至自杀的地步。对于学业成功尤其如此。尽管促使孩子自杀的想法和感受从来都不是一定的，但学校咨询师认为家庭冲突和学业压力是孩子自杀的两大主因——这两方面的数据在 2020 年新冠疫情的隔离期间都有所增加。[1]

两个有害的教养悖论

父母究竟是怎样用狭隘的、"不成功，便成仁"的方式来定义成功的？请以我们在本章开篇介绍的四位早起者为例。雅各布不应该只是参加协奏曲比赛，而是必须获胜。布鲁诺不应该只是进入跳水队，而是必须担任队长并参加奥运会。金苏不应该只是通过英语考试，而是必须考出完美的分数。卜纳姆不应该只是被美国某所大学录取，而是必须被常春藤盟校、斯坦福、麻省理工录取。

如果年轻人的头脑中只有大获全胜或一败涂地这两个选项，他们的心理健康和表现都会恶化，这一点儿也不奇怪。换言之，所谓的"背水一战"策略（即极端的压力让一个人的技能从优秀变为卓越）根本不可靠。[2]我们将这种情况称为表现悖论。

我们都记得那种在最后几秒赢得冠军的进球、ace 球⊖、投

⊖　网球中一方发球，球落在有效区内，但对方却没有触及球而直接得分的发球。——译者注

篮、将军、全垒打、虚张声势的牌局、触地得分。然而，这些戏剧性的时刻只是特例，不是常态。后果严重的、过度戏剧化情境，其实有损于人们表现良好的能力。[3] 父母再讲述一下他们童年的逆境，或者细数他们为了让孩子"走到这一步"做出的牺牲，他们就会再给孩子增添一层内疚感，让孩子感觉到的失败后果变得更加严重。矛盾的是，在这种情况下，孩子的动力和成就都会下降。

与表现悖论常常一同出现的是目的悖论。这种悖论是指，许多父母认为目的与影响是一致的。换言之，如果父母施加压力的目的是帮助孩子，那这种压力所造成的影响就是帮助孩子。然而事实并不总是如此。许多成年人最关心孩子的生存与成功，总是说他们一直给孩子巨大的压力，是因为他们知道"什么对孩子是最好的"，并且想要给孩子最好的东西。矛盾的是，正是这些人破坏了他们想要培养的亲子关系。父母把他们的爱与支持建立在具体的、高风险的结果之上，给孩子增加了一层受到制约的感觉，导致亲子关系进一步受损。

如果你现在感觉很糟糕，请振作起来。表现和目的两大悖论是可以克服的。抚育儿女是我们父母最擅长的事情，因此，我们是消除有害压力的最有效的解药。在与孩子讨论的时候，我们可以有意地将成功描述为多维度的事情，同时坚持高标准。我们可以无条件地爱孩子，同时帮助他们从失败中吸取教训。我们可以和有害的文化浪潮做斗争，养育出快乐、健康的孩子（顺便说一句，孩子必须有一天能独立对抗有害的影响）。

所有父母有时都会陷入"压力型父母"的模式。通过找出陷入这种模式的时间和原因，我们就能避免再次情不自禁地给成功下一个狭隘的定义，过度夸大失败的代价，或者把我们对孩子的爱与他们的成就挂钩。当然，提高教养能力说起来容易，做起来难。作为父母，我们要做的很多。幸运的是，我们有成千上万次机会把这些事情做对。（我们建议你把最后这句话当作冥想时默念的箴言。）

你每天都可以用比昨天更健康的方式来教养子女。每一天都有新的机会来表达温暖和共情，形成符合实际的高期望，树立善良的榜样，表扬真正的努力，教导自立，鼓励创造性，示范从错误中谦虚学习，培养自主性，并扪心自问：我们的教养方式是放大，还是减轻了孩子在家庭以外承受的那些不健康的社会、文化压力？

这听起来像是一大堆难得离谱的教养技能，但这只是因为我们把所有技能都汇总到了一个清单上。如果我们把做花生酱和果冻三明治的步骤都列出来，听起来同样会令人望而生畏。如果我们这样写，你会不会怀疑自己的厨艺：每天都有新的机会来购买新鲜出炉的面包；用锋利、有锯齿的刀切下两片；确保面包够厚防止果酱渗出，但又不要太厚，让三明治变干；在一片面包上涂上你最喜欢的花生酱（或者大豆坚果酱，你来决定）；把果酱均匀地涂在另一片上（但要用另一把刀，以免交叉污染）；小心地把涂花生酱和涂果酱的面包放在一起，用力挤压，让面包黏在一起，但不要用力过大，以免把花生酱或果酱挤出来；最后，用一开始的锯齿刀沿着对角切开三明治。

你是否有动力开始做这样一道复杂的菜肴？听起来又复杂又

费力，不像人们每天都喜欢做的事情。许多事情一开始听起来都是既复杂又费力。但是，只要你有了一些早期的成功经历，并且立即得到了好处，你就会有动力继续下去。学着给孩子健康的压力也是如此。

第 3 章

健康的压力如何促进青少年的发展

如果父母想要解决压力的双重悖论——表现悖论与目的悖论，那他们要做的重要的第一步就是继续施压。

不，我们没写错。施压对于每个孩子的健康发展都是很重要的，只要那是健康的，而非有害的压力。在这一章里，我们会解释这其中的差别，从图 3-1 开始讲起。在下一章里，我们会讲述父母施加压力的理论模型，这个理论模型是后续章节里所有见解和实用技巧的基础。

在我们的研究和临床工作中，我们发现孩子承受的父母压力至少存在 7 个维度：重要性、机会、竞争、完美的结果、紧迫性、控制权与表现。这些维度有相互交叉的部分，但我们在图中将其分开了，以便我们讨论这两种教养方式之间的区别——压力型父母，以及相反的支持型父母。在我们讲述这两种不同的教养方式之前，我们要进一步区分我们在前言之前的"作者说明"中介绍的压力与心理负担之间的区别，这一点非常重要。（如果你已经阅读过这两部分，那就太好了。如果你现在回头去读，那就更好了。）

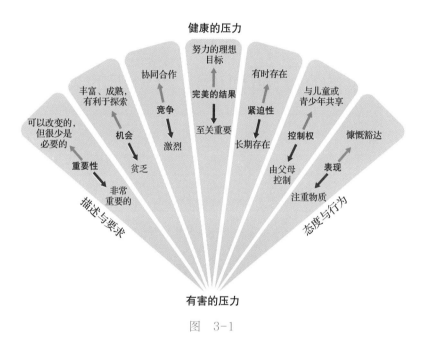

图　3-1

什么是心理负担

如果情境的要求超出了我们拥有的资源，我们就会产生心理负担。例如，如果你估计做完写作作业至少需要花费两个小时，但这份作业在一小时后就要上交，那么你就会产生心理负担。心理负担就是这样的体验：我不可能把这些都做完。我们会感到烦恼、不堪重负。我们希望自己有更多的时间、技能、金钱、团队合作，或者拥有更多的其他资源，以满足任务的要求。这就是心理负担。

压力 = 具体的、高风险的结果 + 最佳表现

相比之下，如果某个成功率低、界定清晰的结果取决于我们的最佳表现，而且失败的后果很严重，那我们就会感到压力。[1]例如，如果在决赛的加时赛上，裁判让你主罚点球，那你就会感到压力。压力就是这样的体验：成功取决于我在这个关键时刻的表现。我们会感到焦虑或恐惧。我们希望风险能低一些，或者希望结果不要那么直接地取决于我们的最佳表现。这就是压力。

心理负担与压力的区别

还有一种方式有助于我们看待心理负担与压力的区别：心理负担关注的是"是否拥有"完成任务的资源；压力关注的则是"能否运用"完成任务的资源，尤其是在这些资源至关重要的情况下。我们通常会在一件事发生前感到有心理负担，怀疑我们是否有能力做到这件事；我们会在事件发生时感到压力，担心我们能否取得理想结果、获得胜利。当你说"关键时刻""成败在此一举"或者"不成功，便成仁"的时候，你说的就是压力。换言之，如果带来心理负担的时刻对我们来说非常重要，就会给我们带来压力。

请用这个案例来思考心理负担与压力中所包含的要素：

"她真是疯了。"我们的第七次治疗还没开始，吉纳维芙就脱口而出，"看看这个！"她把智能手机的屏幕转向我。我想凑近去看短信，但她在我们走近座椅的时候把手机递给了我。"看吧，瑟伯博士，"她就像橄榄球的四分卫传球给后卫一样，没好气地说，"翻着看吧。"我开始读短信。

（妈妈）你爸又骗我，那个浑蛋。

（吉纳维芙）你为什么要跟我说这个？

我不知道谁来付你的学费。

想让我给他发短信吗？

这不是你的事。

你刚刚把它变成我的事了。

哈哈哈……

说真的……我们该怎么办？

我来操心你爸。你好好上学就行了。大三是大学最重要的一年。

我父母在吵架，我怎么能专心上学？

我们没吵架。我们只是离婚了。

一回事。

怎么就一回事了？

当我没说。

你不高兴是因为我没在你生日那天打电话。我明白。我说了对不起。你不知道我有多忙。我本来想打电话的。我今天一大早就给你打电话了，记得吗？

我怎么会不记得？你打电话的时候天都没亮。

你这么不知好歹，你觉得我能有什么态度？

如果我睡眠不足，你觉得我能好好学习吗？

可恶，你可不是去睡懒觉的！你去那儿是为了准备上好大学。如果你的成绩一降再降，别指望我们继续给你付学费。

多新鲜啊。

既然你知道做作业和上课有多重要，那你为什么不做好呢？

我抬起头来。"哇。"我低声感叹了一句，把手机还给吉纳维芙。

吉纳维芙眯起眼睛端详着我。"不对，"她说，"值得'哇'的事情是，你妈妈在你生日那天打电话来骂你数学得了 B。"她停顿了一下，"这种事，我还应付得来。但我妈甚至没有在我生日当天打电话，因为她忙着和她的前夫——我曾经的父亲争学费的事情。那才真是疯了，就像我说的一样。"

对于像吉纳维芙这样的学生来说，怀疑自己有没有资源，或者能否获取资源（在这个案例中，这个资源就是钱）来满足情境的要求（即交学费），就会给他们带来心理负担。要求超出资源的抽象事件也会带来心理负担，比如吉纳维芙怀疑父母能否优先解决好他们之间的分歧，也怀疑他们是否有这个协商能力；也可能怀疑自己是否有时间和精力来忍受父母的激烈冲突。

与此不同的是，如果吉纳维芙感觉到某种高风险的结果（比如能否继续上学、得到经济支持）取决于她的优异表现（即高分和近乎完美的出勤率），她就会有压力。她的父母是否真的会因为她绩点下降和越来越多的无故缺课而要求她退学则不是重点。吉纳维芙相信的事情才会增加她感知到的压力。

压力型父母与支持型父母

人类对于心理负担和压力的感受，很大程度上取决于我们如何看待对我们的要求、我们的技能和资源，以及我们面临的风险。对于大多数早期的人类来说，生存本身就是日常心理负担的来源。他们的身体需要食物、水和躲避风雨的住所，但这些资源并非总能获得，人们获取这些资源的技能水平也并不像今天这样高。因此，许多早期人类的慢性心理负担水平可能都很高。此外，由于他们的采集和狩猎生活取决于他们在某些关键时刻的最佳表现，这种"不成功，便成仁"的情况会把他们的心理负担变成压力。不舒服的、高风险的压力对于早期人类来说是很常见的。

对于许多现代人来说，这种高压的、生死攸关的时刻越来越少，但依然存在。在 20 世纪，军事冲突、气候变化和疾病造成了粮食短缺和饥荒。即使没有战争和疾病，获取食物仍然可能遇到财务紧张、交通不便、运输困难和供应不稳定等问题，也可能同时遇到这 4 个问题。幸运的是，与 4 万年前相比，获取食物对于现代家庭来说不再是那么生死攸关的问题。在中高收入国家，

75%～90% 的儿童可以在冰箱、橱柜里找到零食，或者等到晚饭后就有零食吃。[2] 然而这意味着，即便在最富裕的国家里，仍然有10%～25% 的年轻人在说"我饿死了"的时候，根本没有夸大其词。在现代社会，类似"如果我不能立即找到食物，我就可能会死"这样的情况，是最大的压力之一。

在阅读本书的时候，请记住孩子生活中的客观差异。同时，也请记住，人们对心理负担和压力的感受，在很大程度上取决于他们的思维方式。人们的思维方式，尤其是在年幼时的思维方式，很大程度上取决于父母如何描述这个世界。[3]

如果我们变成压力型父母，我们所描述的世界就处在本章开篇的扇形图的狭窄底端。那是一个匆匆忙忙、竞争激烈的世界，受到父母的控制。这些父母要求孩子做到十全十美，喜欢炫耀孩子的出色成就，但不管孩子得到了多少支持。

这种父母对孩子有什么影响？你可以把图 3-1 里那些底部的尖端想象成集中到一点的力，就像高跟鞋的鞋跟一样。如果舞伴踩了你的脚，而她穿着细高跟鞋，你的感觉会远比她穿网球鞋踩你时更疼。这究竟是为什么？因为细高跟鞋能将舞伴的体重和运动产生的力集中在一个很小的范围内：高跟鞋的鞋跟末端。然而，平底的网球鞋会让同样的力分布在更大的范围内。跳舞时如果有人穿着网球鞋踩到你的脚，那感觉仍然不好，但疼痛和受伤的风险会大大减少。在那张扇形图中，"有害的压力"尖端所代表的压力，就像细高跟鞋施加的力一样：集中、不舒服，还可能造成伤害。

相反，如果我们成为支持型父母，我们描述的世界就处在图 3-1 更宽阔的顶端。这是一个需要努力、高标准、团结协作的世界。在这个世界里，父母赞扬亲社会行为，鼓励孩子拥有与年龄相符的主动性，寻找新机会，在学会自立的过程中坚持自己的核心价值观。

我们所有人都会给孩子施加健康与不健康的压力。有时，我们会成为压力型父母，会告诉孩子：这个世界机会稀缺，竞争激烈，任务繁重而紧迫，完美的结果对成功而言至关重要。我们越是设置明确的目标，狭隘地界定成功的标准，炫耀孩子的成就，从而控制孩子的行为，我们就越会成为压力型父母。

然而，如果我们成为支持型父母，我们就会告诉孩子：在这个世界里，只要他们多去探索，机会就随处可见，合作对于个人和社会都有益处。在这个充满健康压力的世界里，很少有任务具有内在的紧迫性，而最有价值的任务则需要耐心和不懈的努力。支持型父母会把完美的结果描述成一种难以企及、因人而异的理想，是用来设置目标、激励我们奋斗的，而不是检验孩子价值的试金石。在这个有着健康压力的世界里，支持型父母还会把失败视为学习过程中不可或缺的一部分，更多地表扬努力，而不是结果。

在图 3-1 的 7 个维度上位于两端的父母，有着截然不同的行为和语言。下面的例子就说明了这种差别。这些简短的例子可能不像你，但它们捕捉到了压力型父母和支持型父母之间的基本差别。当你和孩子讲话时，想想你要强调什么，然后用自己的话自然地表达。

如何看待重要性

压力型父母

"没错，你得重写这封感谢信！听着，你的书写太乱了，信太短了，而且你完全没有写出你的个性。要想把其他参加面试的孩子比下去，这是你唯一的机会。"

支持型父母

"当我收到一封感谢信时，如果信的字迹整洁，写信人提到了他们感激的具体事情，那就会让我感觉更有意义。如果你花点时间重写一下，你就能给人留下更积极的印象。"

如何看待机会

压力型父母

"世上只有几所大学算得上举世闻名。除非你能进入其中一所大学，否则没有人关心你在哪儿上的学，也没人关心你在那里做了什么。这对你找工作没有帮助。成功只与名声和门第有关。"

支持型父母

"常春藤盟校在国际上出名是有原因的，但还有其他优秀的学校。归根结底，你在学校取得的成绩远比学校的声誉更重要。成功在于态度和创新。"

如何看待竞争

压力型父母

"赶快进去训练！如果你想加入这支队伍，就得比其他参加选拔的孩子更优秀。我向你保证，他们肯定都不打游戏，因为他们渴望打败你，获得一个名额。"

支持型父母

"进步需要时间和专注。如果你觉得一个人练习很无聊，可以试着给参加选拔的朋友打电话。我相信你们可以互相帮助，提高你们入队的机会。"

如何看待结果

压力型父母

"我不管你喜不喜欢这个冰场，你今天必须滑得很完美，这样招募人员才能注意到你。你必须拿出速度、精确和力量。如果你没准备好表现出 110% 的实力，那我们就收拾东西回家吧。"

支持型父母

"我知道你每次走上冰场都尽了全力，不管你感觉如何。让那些招募人员看看你的雄心壮志吧，让他们看看你在努力变得更快、更精确、更有力量。"

如何看待紧迫性

压力型父母

"赶紧上车！我们要迟到了！为什么这个家里人人都不守时

呢？我都告诉你一千遍了，要在前一天晚上收拾好书包。可你听过吗？没有！"

支持型父母

"我们应该出门了。在走之前，我们一起赶快把需要的东西收拾好吧。下次你周六早上有课的时候，我会提醒你在周五晚上收拾好书包。我知道你能做得更好。"

如何看待控制权

压力型父母

"我知道去夏令营的想法可能很有趣，但为你教育买单的人不是你，是我。这意味着应该由我来决定对你的未来和现在最重要的是什么……反正不是夏令营。你要去上 SAT 考试补习班。"

支持型父母

"我们一起想想你暑假做什么。我知道夏令营是个有趣的选择。我们也谈过准备 SAT 考试的事情。你去把这两种选择都研究一下，包括它们的费用，然后我们在晚饭后再制订计划。"

如何看待孩子的表现

压力型父母

"如果你穿那件蓝色休闲西装，你看上去就和其他去面试的学生一样。所以你要穿意大利羊毛西装，加上一件合身的衬衫，打一条丝绸领带，再穿上你的三接头牛津皮鞋，这样才能让你脱颖而出。"

支持型父母

"在面试的时候，一定要谈谈你在校外做过的工作。他们要找的人不仅要有原创的想法，还要有主动性、为社区做贡献。"

在阅读这些对比案例的时候，如果你感到恼火或不屑一顾，这可能说明你做压力型父母的时间比你意识到的要多。也许不是这样。重要的是，你现在更注意父母施加压力的 7 个常见的维度了，你也开始将健康和有害压力之间的区别记在心中了。

压力型父母？支持型父母？有必要吗？为什么要在流行的育儿词汇中再添加一套时髦的标签呢？因为目前流行的"压力型教养"已经被证明对孩子是不健康的、非建设性的，甚至是致命的。我们越像支持型父母，我们的孩子就会越健康、越快乐、越有成就。现在是时候审视你目前的教养方法，并开始做出最能让孩子受益的调整了。

在下一章中，我们会阐述我们的父母施加压力的理论模型，这样你就能更好地理解压力的这 7 个维度从何而来。就像大多数心理能量一样，一旦我们理解了它们的来源，就能改善和引导这些能量。在我们成为更用心、更有目的性、更有效的父母的过程中，有些因素可能会阻碍改变，但所有这些因素都值得分析。

第 4 章

正确对待孩子对你的指责

你会指责你自己吗？真的吗？如果你不会，那你的孩子肯定会。如果他们还没有指责你，总有一天会的。你在小时候就指责过父母。在某个时期，我们都指责过父母。这是正常的。虽说正常，但这不意味着这种指责是完全正确的。孩子之所以会抱怨某些压力，只是因为他们……是我们的孩子。千百年来，每一代孩子都会挑父母的错误，并且发誓会成为更好的父母。所以我们必须承受批评，并且必须正确看待这种无法避免的责难。

在童年后期的某个时候，我们都会意识到父母的缺陷。这很正常。到了青春期，这些缺陷会导致尖锐的批评，引发关于如何做父母的重大冲突。这也很正常。然后，到了成年早期，我们发誓，如果我们自己成了父母，决不会重蹈父母的覆辙。同样很正常。也许很天真，但这是正常的。

如果你曾用这样的话来教训孩子："你必须去练习。我们付钱让你去上乐器课，可不是为了让你学上几个月就不去了。"那你可能也该回想一下自己的父母是否也曾说过同样的话。很少有父母不会羞愧地嘀咕这句话："我向自己保证过不会说这句话。"如果父母能谦虚地承认，在面对不听话、忘恩负义的孩子时（所有孩子都这样，至少有时如此），他们曾用过"因为是我说的"这句经典的话来为自己的言行辩解，那他们都是值得称道的。

所有的孩子在做了父母以后，也都会感到同样的惭愧，也都会用同样的方式为自己辩解。意识到这些，也许我们会露出微笑。不但如此，孩子也会感激父母给予他们的支持、爱和压力（没错）——这更会让我们微笑。我们承认，有些读者忍受过父母造成的创伤——这些创伤可能超过了支持、爱和健康压力带来的积极回忆。如果这是你的情况，我们希望你在年少时至少有一个让你信任的成年人，让你心中对他充满感激。我们想说的是，即使最慈爱的照料者也有缺点；即使最难相处的孩子，心中也有善良的地方；除了最痛苦的亲子关系外，所有的亲子关系都有值得回味的点点滴滴。

无论你对于自己接受的教养有什么复杂的回忆与情感，你都显然十分关注教养技能的培养，因为你手里正拿着这本书。大多数物种的父母还有其他的共同点：它们都有保护幼崽的本能，都有确保幼崽生存的本能。从演化的角度来看，这是一种遗传特质，经过了许多代的自然选择，其目的是确保我们基因的延续。父母有保护孩子的本能都是不争的事实。父母的爱子之心都来自这种保护的冲动，所以我们的理论模型也以此为出发点。

接下来谈到的事情就是典型的人之常情。保护孩子的能量就像光线一样，会穿过三个"透镜"，受到放大或削弱——文化与传统、家庭历史、个人身份认同。然后，这道光会穿过气质与人格的"透镜"，转化为以下三种基本形式之一：言语压力、非言语压力与关系压力。图 4-1 就说明了教养的能量在理论上是如何流动的。

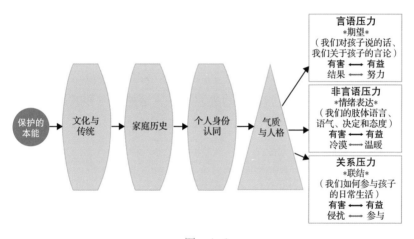

图　4-1

与上一章的扇形图一样，图 4-1 是过度简化的。促使父母给孩子施压的动力并不是一道穿过透镜的光线，不会简单地决定压力在孩子看起来、听起来、感觉起来是什么样。虽然这四个透镜是象征性的，但文化与传统、家庭历史、个人身份认同、气质与人格对于父母施加压力的方式有着实实在在的影响。此外，正如真正的玻璃镜片由不同的化学元素组成，我们所说的四个透镜也包含了不同的心理社会要素。其中有些要素主要是积极的；有些要素主要是消极的；还有些要素既可能是积极的，也可能是消极的。比如说，文化与传统不仅可能包括烹饪方式、语言和音乐，也可能包括制度性压迫、种族主义和性别歧视，还可能包括宗教、艺术和服饰。家庭历史可能包括民族、关系、暴力、精神病史，也可能包括移民、教育、职业选择。个人身份认同可能不仅包括智力、性别，也可能包括个人偏见、创伤、疾病，以及习惯和偏好。最后，气质与人格包括父母的情绪反应特点与自我表达的风格。我们之所以选择用棱镜而不是凸透镜来比喻这类因素，是因为这些因素就像父母大脑中的"基本程序"——在一定程度上受环境的影响，但主要是先天决定的，会将保护孩子的能量引导到明显不同的方向上。光线透过了先前的透镜，会受到父母气质与人格的折射，从而形成父母施压的表现形式。这种表现形式是那个父母的独特特征，或多或少地与他们在非教养情境下的情绪反应和自我表达特点是一致的。

我们无法用精确的科学来量化所有这些因素。图 4-1 只是一种简略的表达方式。"人类的行为是复杂的"这句话实在是一种可笑的轻描淡写。（不要把这句话写在你的心理学期末试卷上。）不过，我们的观点很简单：要注意图 4-1 中描述的那些影响因素，才能重新对这些因素提起重视，改善我们的教养方式，使我们的孩子受益。

请看这个案例：

铃声刚响了一声，桑托什的父亲就接了电话。我表明了身份，向他保证没发生什么紧急情况，然后问能否占用他几分钟时间谈谈他的儿子。"请说吧。"他用略带芒格罗尔口音的完美英语说道。我尽量不带指责地开口说道:"格达博士,我很担心桑托什感觉到的压力。事实上,他有时……"

"我正希望如此!"这位父亲打断了我的话,"这就像全世界的花园都长满了杂草,而我仍在努力打理自己的花园。我一直坚持用一定的标准来要求孩子,瑟伯博士。作为他的父亲,我知道桑托什有能力门门功课拿 A。即使他只有十来岁,他也知道这一点。现在你也知道了。他母亲和我都对他有很高的期望,就像我们的父母对我们一样。有了好成绩,他才能进顶尖的大学。他得出人头地,你懂的。"

"每个父母都想……"我开口说道,但这位父亲又接着说下去了。

"这都是很现实的期望,瑟伯博士。我们都需要有人相信我们。你是个心理学家。你清楚这一点,不是吗?我们是桑托什的父母,如果没有我们的信任,桑托什会怎么样呢?"

我沉默了许久才回答这位父亲的问题。"我绝对支持高标准,"我说,"但有时我担心这样会适得其反,因为这些标准太高了,也因为孩子觉得只有一个具体的结果是可以接受的……而且失败的后果似乎很严重。我只是担心桑托什会觉得……"

"我们关心桑托什怎么做,不关心他怎么觉得。"格达博士打断了我的话,"每个孩子的教育里都有他们不喜欢的部分。人人都知道这一点。没人说过学习是容易的。我的学习之路就很不容易,桑托什的妈妈也不容易。现在,我们担心的是桑托什在挥霍他的教育机会。昨晚我跟他谈话的时候,我已经把我们的期望说得很清楚了。别再多说了,博士。"

对有些读者来说，这位父亲的目标与方法可能是不合理的，甚至是不可思议的，但是用我们的理论模型来看这个例子，也许能看得更清晰一些。就像所有父母一样，格达博士的出发点在图 4-1 的左侧，即保护孩子的本能。他用这句话描述了他看问题的文化视角："这就像全世界的花园都长满了杂草，而我仍在努力打理自己的花园。"他用这句话描述了他的家庭历史视角："没人说过学习是容易的。我的学习之路就很不容易，桑托什的妈妈也不容易。"他在每次打断我讲话，以及表现出轻微的傲慢态度时，都透露出了一些他的气质与人格。我们也可以推测，他的个人身份认同是由多种因素共同塑造而成的：他自己的受教育水平很高、他把成就看得比情绪更重要、他的态度很专制。当他把保护孩子的本能驱力表达出来的时候——也就是到达图 4-1 右侧的时候，他在言语上呈现出结果，就是告诉桑托什他必须门门功课得 A 才能进入顶尖大学。虽然我们无法从电话中分辨肢体语言，但这位父亲的一些态度和决定确实不难看出来。他这种做法在关系上导致的后果，可能就是有条件的爱。（与桑托什进行临床咨询会谈的结果的确表明，他觉得父母对他的认可，取决于他获得近乎完美的绩点。）

在不了解更多的情况下，我们也必须考虑这种可能性：格达先生很生气，因为他认为桑托什不够努力。如果桑托什真的在游戏、电子烟或拖延上浪费了大量的时间，那他父亲的失望就是可以理解的，他的语气也是合理的。然而，从我们掌握的信息来看，这似乎是一个典型的压力型教养的例子。格达博士把考入大学描述成了一件极为难得的、竞争激烈的、紧迫的事情，需要桑托什立即拿出最优异的表现。对于桑托什来说，他可能觉得自己当下处在"一着不慎，满盘皆输"的处境下，结果完全取决于自己当下的最佳表现。正如我们在第 1 章所述，这有可能产生一种适得其反的效果，降低桑托什的动力，有损于他的表现，压抑他的情绪，损害他与父母的关系。

令人惊讶的是，有些父母给儿童和青少年施加了有害的压力，而这些孩子的确表现出色——在学业上、运动上，或者艺术上。如果你想不出有害的压力似乎能够提高自己孩子表现的例子，那就想一想别人家的例子。有了这样的例子，你就很容易相信有害压力和健康压力一样有效，甚至更有效。然而这是一种错误的信念，尽管非常常见。认为有害的压力很有效，是一种被称为"可得性启发式"（availability heuristic）错误思维。人们经常用一个特例来得出普遍性的结论。

可得性启发式思维就好比有一个年老的亲戚或不太熟的朋友喜欢吸烟，但还没有患上肺气肿或癌症，因此你就很容易这样想：吸烟其实也没那么糟糕。通过以偏概全，我们忽略了三个不太明显的要点：①吸烟对那些人的身体造成了很多我们看不到的损害，我们唯一能看到的是贝蒂姨妈一根接一根抽烟时的笑脸；②一个人的样本量无法代表更多的人，贝蒂姨妈可能是一个特例，因为大多数像她一样抽烟那么多、那么久的人都已经死了；③两件事情同时发生（相关关系）并不意味着一件事导致了另一件事的发生（因果关系）。

回到父母施压的问题上来。诚然，有时孩子承受了有害的压力，的确会有最佳的表现，但不能说两者是直接相关的。每当年轻人克服有害压力，取得优异成绩的时候，总要经历一个中间过程，这个过程就是一种调节变量。为了带来最佳的表现，不健康的压力必须经过中间阶段。孩子会在这个阶段将压力转变成下面两种形式。一种适应性的转变就是对这项活动（如学习、练习、做出某种行为）产生热情，或者喜欢上这项活动的长期结果（如被录取、获胜、社会地位的提高）。这样一来，这种热情就会产生动力、毅力，并最终带来最佳的表现。尽管有些孩子承受了巨大的有害压力，但他们的表现依然出色。这是因为这些孩子找到了一种方法，将来自父母的压力转变为自己给自己的压力，并且忽略父母——正如俗话所说，把目光放在胜利的果实上。

以妮娜为例。她的父母强迫她每天练习三个小时的钢琴，并且每年都要她参加几场协奏曲比赛。他们希望多次获得第一名的经历，能让妮娜在申请大学的时候把其他毕业生比下去。妮娜可能很讨厌这一切，感到很痛苦，和父母吵架，然后出于叛逆，在当地的商场里行窃。对于像妮娜这样的例子，我们很容易将糟糕的后果归咎于不健康的压力。可是，如果我们看到的情况恰恰相反呢？如果妮娜很好地应对了父母的有害压力，将其转化为对音乐的热爱、对表演的热情，以及与其他年轻音乐家竞争的痴迷，那我们又该如何理解呢？或者，如果妮娜将她对有害压力的感受转变成了一种美好的幻想，想象自己成了一名著名的音乐家，那我们又该如何解释呢？我们很容易得出错误的结论：父母给她的巨大压力是她心理健康、钢琴技巧出色的直接原因。事实上，真正值得关注的是妮娜如何巧妙地将父母的压力转变为自己的压力。

孩子适应有害压力的另一种方法，就是认定唯一能够获得解脱的方式是相信父母对自己未来的幻想，或者采取"我能忍到18岁"的思维模式。这种认知上的回避，能够让一些孩子忍受来自父母的巨大压力，并且在表面上充满动力，能够在运动、艺术和学业上表现出极高的水平。然而，这种做法通常会大大损害他们的心理健康。出于恐惧的坚持会让孩子充满怨恨、焦虑和抑郁。这种坚持很少会让他们喜欢父母强迫他们做的事情，通常会导致他们以放弃告终。感觉自己必须拿出优异的表现，这是一种让人窒息的体验。最糟糕的是，长期的高压会损害成年人与孩子之间的关系。

本章前面的案例中，格达博士正在尽最大的努力确保孩子的成功。然而，他施加的不健康压力可能会适得其反。如果他想换一种不同的方式，采用支持的态度，他可以从表扬桑托什做得好的事情开始做起。接下来，他可以给予真正的共情，比如说一些这样的话："兼顾多项任务总是很难的。"然后，他可以问一些开放式的问题，比如："当你在一门课上取得好成绩时，你真正做了哪些有助于学习的事情？"然后问："你怎样才能更经常这样做呢？"或者问："你怎样才能把你知道的学习方法应用到这门课上？"请注意，这些问题都是从优点出发的：桑托什在学校的表现通常很好。

这种共情和带着欣赏的提问可能会减轻桑托什的压力，增进他与父亲的联结，因为他会感到乐观和被理解。在这种更冷静、更有动力的思维模式下，桑托什就更容易弄清如何进步——每个人都是如此。

许多原因会导致孩子的学业成绩不如意：讨厌室友、沉迷电子游戏、课程困难、老师讲课缺乏条理，等等。因此，"再努力一点"或"得 A"这样简单的要求是没用的。相比之下，与孩子一起耐心地研究导致某些课程得高分或低分的不同因素，能够让我们找到真正能提高成绩的策略。这种支持性的方法不仅让人感觉更好，还能更好地教导孩子。教养的一个核心目标，应该是把这种策略性的智慧传授给孩子。从本质上说，我们父母感受到的压力，与某一门课程、某一次体育活动或艺术竞赛无关，而是与我们的希望有关：我们希望孩子在成年后过得很好，哪怕我们不在他们身边支持他们。

尽管这个目标听起来很美好、很值得尊敬，但也很容易忘记。有时候，当孩子表现不佳时，我们的失望或愤怒会压倒我们的理智，让我们陷入压力型父母的角色里。我们反对，我们要求，我们批评。我们不会费心寻找他们表现不佳的原因。我们要求孩子拿出更好的成果，并把这个成果与狭义的成功联系在一起。这样一来，我们只是徒增压力，却没有教会孩子如何成功。如果我们反反复复地说这样的话："你要是想在几年后被一类篮球联赛学校录取，你最好让这个赛季的比赛数据好看一点儿。你只有这一条路可走。"那我们最终会损害孩子的运动表现、内在动力和心理健康。

我们不能仅凭孩子的成就来衡量教养的成功。当然，如果孩子成就斐然，我们可能非常自豪，但我们衡量成功的标准应该是，我们在多大程度上帮助孩子养成了可持续的生活方式，帮助他们不懈努力、诚实、自我觉察、善待他人，并且用健康的方式应对生活的起起伏伏。我们还应该通过他们的内在动机来衡量成功，即他们有多大的内在动机来取得最佳的表现。当然，总有一天我们会离他们而去，所以任何父母想要成为孩子唯一的（外在）动力来源，都是愚蠢的。采用本书中的观点和技巧，你会为孩子培养一种内在的、可持续的生活方式，让他们在一生中付出大量的努力，在他们所追求的智力、艺术、体育和人际交往的道路上取得巨大的成就。

在图 4-1 中，你可以发现，当你保护孩子的本能经过"气质与人格"棱镜的折射，就会表现为下面三种形式之一：言语、非言语和关系。这种能量既可以伤害也可以帮助你的孩子，这取决于你是处于压力型父母还是支持型父母的模式。在接下来的几章里，我们会解释支持型父母能够如何改变父母的关注点，从对于结果的、冷漠的、侵扰性的关注，转变为对于努力的、温暖的、参与性的关注。我们会向你展示，现实的期望、持续的温情和稳固的亲子关系能够如何为孩子提供支持网络，提高孩子的表现，培养良好的性格。不但如此，对你和孩子来说，"转变 1"远比你长期施加的有害压力更能够带来幸福。

支持型父母的孩子非但不会指责父母，还会每天早上主动整理床铺，每天晚上自觉完成作业，每天刷两遍牙，与兄弟姐妹和同伴友好相处，并且总是会乖乖地吃蔬菜。

好吧，上一段内容是胡扯，但本章的其他内容都是真实的。你可能仍然会因为某些事情而受到责备，但至少你现在可以说知道自己在做什么了，而且你知道这样做会有帮助。

第 5 章

期待孩子超越自我，而非战胜他人

● 转变 1：从关注结果到关注努力 ●

卢卡的父亲斜靠在看台栏杆上，俯身在他耳边低语："你能看到排行榜。"卢卡一边听着，一边调整他的腕带。"你比第一名落后 0.1 分，"父亲继续说，"你在最后一场比赛至少要拿 9.0 分，才能拿到你这个年龄组的冠军。这样你在体操上才算取得了些成绩。单杠是你最擅长的项目，所以我需要你干净利落地落地。"

卢卡的对手阿比奥则在体育馆的另一边。他的父亲正在给他打气。"儿子，干得不错。"父亲一边说，阿比奥一边调整他的腕带。"你既专注又努力，所以才取得了两项个人最佳成绩。现在，在最后一场比赛中全力以赴吧。努力集中精神，尤其是在屈身上杠的时候。单杠是你最擅长的项目，让我们好好看看你干净利落的落地。"

请注意这两位父亲给孩子打气的方式有多大的不同。卢卡的父亲表达了期望（言语压力），他希望卢卡在这次体操比赛中获得第一。当他对卢卡说这句话的时候，把自己的期望说得很清楚："我需要你干净利落地落地。"阿比奥的父亲采用了不同的方法，他表达的期望是，阿比奥要继续尽自己最大的努力。阿比奥也会有压力，但他父亲的期望有更多的合作意味。你可以从他对阿比奥说的这句话里听出来："让我们好好看看你干净利落的落地。"起初，这些似乎只是很小的不同，但我们对孩子表达期望的方式能极大地影响他们的动力。卢卡的父亲关注的是结果，阿比奥的父亲则关注努力。两位父亲都爱他们的儿子，而且他们的用意都是好的。他们都为孩子的运动成绩投入了时间和金钱。两个男孩都感受到了正常的竞争压力。但是，在其他条件相同的情况下，只有一个男孩得到了鼓励，这将产生积极的影响；另一个则感受到了一种不健康的压力，这可能会有损于他的表现。

父母的期望与孩子的发展

明确地表达期望有助于孩子在生活中取得成功。但与其他形式的压力一样，期望是有益还是有害，取决于父母的表达方式。在1964学年初，哈佛大学教授罗伯特·罗森塔尔（Robert Rosenthal）和小学校长莉诺·雅各布森（Lenore Jacobson）让加利福尼亚州一所小学的教师对1～6年级的学生做了一次简短的智力测验。[1] 研究者假设，教师对待他们认为最聪明、最有前途的学生，比对待那些他们认为能力较差的学生更积极（可能他们都没意识到这一点）。反过来，这种高期望导致的积极待遇，会对学生的表现产生积极的影响。

老师给学生做完智力测验以后，研究者给学生打了分，但没有公布每个学生的测验结果[2]。相反，他们告诉教师，有些学生似乎显示出了"不同寻常的智力增长潜力"，并随口将这些学生的名字告诉了老师。其实，这些"潜力非凡"的学生与其他学生在平均得分上并没有差异。研究者只是随机在 255 名学生中选了 20% 的人。

8 个月后，临近学年结束的时候，学生又做了一次智力测验。研究者将学生 5 月的分数与前一年 9 月的分数进行比较后发现，那些被随机认定为有潜力的一二年级学生，其平均分数的进步大于其他学生。罗森塔尔和雅各布森推测，教师把他们对那些"天赋异禀"的学生的期望，转化成了更积极的行为，比如用温暖的语气对他们讲话，或者赞扬他们的创造力。换言之，教师的期望成了一种自我实现的预言。研究者还推测，对于年龄最小的学生而言，教师的期望对他们的分数影响最大，因为他们的自我概念最容易受到教师的影响。然而，当所有学生在一年后（即首次测验的 20 个月之后）接受同样的智力测验时，"进步最大的是那些在五年级时被认定为'尖子生'（潜力超常的学生）的孩子，这些孩子在最后一次测试时即将读完六年级"。[3]

虽然罗森塔尔和雅各布森没有记录教师在课堂上的行为，但他们让教师回顾了整个学年，并评价学生在课堂上的行为。对这些回顾报告的分析表明，"（教师）认为，那些智力有望取得较大进步的孩子，比其他孩子在生活中更有可能取得成功，他们也更快乐、更好奇、更有趣"。[4] 尽管在设计上有些局限，但这项实验引出了数百项在方法论上十分严谨的研究。这些研究考察了教师的期望对学生的表现会产生哪些影响。50 多年后，罗森塔尔和雅各布森的宽泛结论依然为人们所承认：教师的积极期望与学生的成长有关。这种影响似乎在男生[5] 和多数族裔的学生中更为明显。相反，教师的消极期望往往会减缓学生的成长。

对于那些抱怨孩子"就是不听话"的父母来说，罗森塔尔和雅各布森的研究（以及得出类似结果的后续研究）会提醒他们，孩子的确会听到（也会感觉和注意到）他们的话。他们可能不会总是完全按照我们的要求去做，但他们听到了我们的期望。我们的语言、语气、面部表情，以及我们与孩子的其他互动（尤其是当这些互动形成一个稳定模式时）会有力地传达出我们的期望。反过来，这些期望又会改变孩子的发展进程。他们的自我概念、情绪、动力，以及表现的改善或恶化，都取决于我们的期望，以及我们如何表达期望。

回过头来看看迪斯塔西奥先生（希望儿子卢卡获胜的父亲）与奥罗因加先生（希望儿子阿比奥尽最大努力的父亲），你可能会想：告诉卢卡他必须赢有什么错？这跟告诉他"你是一名很有潜力的体操运动员"一样，对吧？错。表达获胜的要求与表达获胜的潜力是不一样的。基于结果的期望往往会适得其反，基于努力的期望往往有所帮助。

其原因如下：在罗森塔尔和雅各布森的研究中，没有人告诉学生任何东西。研究者告诉了教师，哪些学生可能有智力发展的潜力。因此，教师在不知不觉中给予了这些学生有区别的对待。他们对待这些学生的方式，就好像这些学生很有前途似的。教师从来不会要求这些学生给出具体的结果，比如："你要在期末智力测验中得130分以上。"相反，教师会温暖地支持这些学生，这种支持似乎使学生更愿意发挥自己的才智。教师用不易察觉的方式表达了他们对成功的期望。结果，这些学生的认知能力提高了，至少从"一般能力测验"（*Tests of General Ability*，1960）中可以看出来。

如果父母只关注具体的、狭隘的结果，比如分数、奖项和排名，他们就会给孩子增添三个不健康的因素：好胜心、完美主义和脆弱。原本健康的竞争变成了你死我活的敌意。原本的高标准变成了无法企及的完美理想。原本有抗逆力的自我概念则变得脆弱了。

当压力适得其反时

如果父母反复告诉年轻人，打败同龄人是最高的成就，那么这个年轻人就可能做出不健康的竞争行为，比如作弊、剽窃或者表现出糟糕的体育精神。如果父母告诉年轻人，在SAT考试中只有1600分才是有价值的，在普通中等教育证书里只有A*才有价值，那么学生就可能过度追求完美，以至于任何不够完美的结果都会让他受到毁灭性的打击。如果父母告诉年轻人，成功就是学校的名称、学校丝带奖⊖的颜色、银行账户的余额，那么孩子的自尊就会变得非常脆弱，一旦达不到目标就会大发脾气。请看下面这个案例：

⊖ 美国教育部授予学校的荣誉奖项，分别有蓝丝带、金丝带和绿丝带奖。——译者注

杰克的父亲是一所顶级名校的校友。杰克还在上小学的时候，父亲就告诉他，等到他高中毕业的时候，他注定要进入这所大学。"在我爸爸眼里，其他的大学都是保底学校。"在高中毕业那年的冬天，杰克苦笑着说道。

一个月后，父亲的母校给杰克发了一封拒绝信，杰克大发脾气，给学校打电话匿名举报一名被这所学校录取的同学，说他没有披露自己之前的违纪行为。这所大学的招生委员会别无选择，只能打电话给这名男生的高中，核实这一举报的真实性。

事实证明，这名被录取的同学的确在申请书中撒谎了。在用 Common App 软件申请学校的时候，他在"你是否曾在任何教育机构中被发现违反纪律"这一问题上选了"否"。结果，大学撤销了对这名同学的录取，理由是申请人不诚实，以及校方对违纪事件的性质感到担忧（这件事涉及了非法药物）。

与此同时，这所高中也对匿名举报者的身份展开了调查。根据法律规定，杰克在心理治疗中所说的话是保密的，但没过多久，高中的教务主任就列出了一份嫌疑人名单。一位教务主任直接询问杰克的时候，他承认了自己的违规行为，受到了重大违纪处罚。在他承认违规之后的心理治疗中，杰克表示既感觉松了口气，又感到很后悔。他花了几个星期含泪反思，才明白是哪些内在、外在的力量迫使他去举报自己的同学，影响了他的大学求学之路。

在杰克打通那个决定他命运的电话时，他已经被几所优秀大学录取了，但是大学咨询办公室的政策要求杰克把他的不当行为，以及随后被要求退学的情况告知这些学校。结果，有两所大学取消了对杰克的录取；还有一所大学将录取推迟了一年，条件是杰克接受额外的心理治疗，然后提交一份申请书，汇报他的个人成长。杰克没有得到高中文凭，但由于他学完了所有规定的课程，修完了公立高中应有的学分，所以他得到了他所居住州的同等学力证书。

对于杰克和许多年轻人来说，如果父母把世俗的成功与个人价值与高度具体、宏大的结果联系在一起，父母的期望就会变得有害。这是个典型的"不成功，便成仁"的情况。在杰克的心目中，父亲的认可与他的自我概念都取决于能否进入一所大学——一所常年位列世界前十的大学。除了运气之外，要想提高他被录取的机会，就要在整个高中阶段尽最大努力。但是，这种不懈努力的动力从何而来呢？

要回答这个关于动力的问题，我们首先需要回顾第4章的图4-1。杰克父亲的出发点是保护的本能。所有父母从孩子出生或领养孩子的那一刻起就有这种本能。就像所有本能一样，这种本能是与生俱来的，具有演化上的益处。当然，杰克早已不再需要竭尽全力地收集食物、躲避掠食者、寻找配偶，这种日子早已过去几千年了。在现代，父母凭本能就知道，如果他们的孩子得到良好的教育——无论是正规教育还是其他教育，那他们未来就更容易谋生。

来自保护本能的压力，会受到文化与传统的影响。在杰克父亲成长的西方文化里，顶尖大学的文凭地位极高。西方文化认为，这样的文凭代表一个人学到了有用的知识，建立了有价值的人脉，践行着有利于在现代社会生存的策略。在这种视角之下，还有一种文化假设认为，与拥有文凭的人相比，没有大学文凭的人在智力、能力、胜任力方面都更差。此外，杰克的父亲接受的是传统的西方教育——从小学到中学都接受的是标准教育，最后在正规的大学攻读四年，获得学位，而不是去做学徒或者上职业学校。

接下来，压力会受到家庭历史的影响。也许这位父亲的父母很执着（就像许多父母一样），坚持要儿子过得"比自己好"。或者，杰克的父亲觉得，从大学毕业和取悦自己的父母之间有着很强的关系。也许杰克的祖父就是从这所名校毕业的，所有人都希望杰克也能延续这一传统。或者，杰克的祖母会在全家人聚在一起，在观看他们大学足球队比赛时制作美味的菜肴。在杰克父亲的这个家庭里，可能会有多种与这所大学有关的情绪——有些是明显的，有些是微妙的。

然后，压力会受到父亲个人身份认同的影响。也许父亲至今仍很好胜、擅长运动、对学校非常忠诚。所以每当看到邻居穿着对手学校的运动衫时，杰克的父亲就会开玩笑地冲着篱笆那边大喊："保底学校！"杰克可能相信，如果他去另外一所学校、来一次"间隔年"的旅行，或者开辟自己的非传统教育道路，父亲就会看不起他。或者杰克的父亲曾告诉他，如果他被父亲的母校录取，父亲就会教他"秘密握手方式"。有害的压力可能非常微妙，以至于不知不觉地渗透到亲子关系之中，伪装成特权，或者既是压力又是特权。

最后，压力会受到气质与人格的影响。也许这位父亲善于表达、外向、自豪，因此他比沉默、内向、谦虚的父母更容易随口提到自己的母校。这可能让杰克逐渐意识到父亲的期望。

杰克父亲和其他照料者的关系、他对他们职业成就的看法、兄弟姐妹（如果有的话）的态度、家庭的社会经济水平，以及其他方面的细节都很复杂。幸运的是，大多数关于父母期望和压力的研究都在探讨这些家庭变量。在学业与课外成就的领域内，研究结果很惊人。

期望的利与弊

先看看好消息。许多针对中小学生的研究发现，期望的积极作用与罗森塔尔和雅各布森的发现一致。与低期望的父母相比，对成就表达高期望的父母，更有可能养育出高成就的孩子。[6]事实上，父母对于孩子学业的期望，比父母对孩子教育的实际参与（如参加学校活动）更能预测教育结果。[7]而且，根据情况的不同，并非所有父母都能做到后者。父母的期望有着很强的预测作用，因为期望不仅能改变孩子对于自身天赋和未来的看法，也能改变父母对待孩子的方式。例如，与低期望的父母相比，对学业期望高的父母会更多地与孩子谈论学校[8]。对孩子的教育抱有高期望的父母，也会为孩子提供更多校外的学习机会。[9]

父母的期望也会影响孩子自己的愿望与期望。例如，一些研究表明，父母对孩子学业成就的期望，对孩子自己高等教育目标有着中度到高度的影响。[10]与那些父母不期望他们上大学的学生相比，那些自述父母希望他们上大学的学生有着更好的出勤率，对学校的态度也更积极。[11]正如你所猜测的那样，明确的期望所带来的有益影响，取决于父母如何表达这些期望。

现在谈谈坏消息。当父母表达期望时，如果特别强调高成就或完美，孩子往往就会产生低自尊，做出不良行为，对于实现父母为他们设置的目标感到悲观。父母在无意中破坏了孩子对于活动的兴趣，而这些活动恰恰是父母希望孩子擅长的。对于家境优越的青少年来说，父母过分强调成就与完美似乎尤其容易给他们带来适得其反、自我毁灭的结果。因为他们既有机会（比如有车可开）也有方法（即金钱）去从事某些不健康的冒险行为。[12]

对富裕家庭的相关研究发现，如果父母是完美主义者，青少年往往会感到必须出人头地的巨大压力，并且往往会产生社会性、情绪和行为方面的问题。[13] 然而，与同龄人一起活动可能会减弱父母完美主义的负面影响。对于青春期的孩子来说，那些参加了垒球队或机器人俱乐部等组织性活动的人，会比没有参加这些活动的孩子以更健康的方式应对完美主义的父母。也许，这是因为有组织的集体活动具有娱乐性，不那么正式，缓解了这些孩子必须表现完美的感受。或者，也许是成为一个群体中的一员，让孩子觉得取得成就的责任不再只属于他一个人。也可能有些孩子着眼长远，选择忍受这些平淡无奇的活动（如果他们的确是这样想的），因为他们知道这些经历有一天会成为履历上的优势。正如你在第 4 章所见，有些年轻人可以将来自父母的不健康压力转变成具有适应性的激励因素。然而，随着时间的推移，即便是这些孩子也会变得不快乐。

认为自己可以持续施加巨大压力的压力型父母（他们希望孩子有朝一日能把这些有害的压力转变成健康的动力），通常会发现令人不快的事实。不仅压力过大的孩子会面临心理健康问题和成绩不佳的风险，而且没有任何办法能够预测哪些特别的孩子能够暂时将父母的外在压力转变为自我激励。对于父母来说，要确保孩子健康发展、获得最佳结果，更可靠的方法是采用心理学家所说的权威型教养方式。我们会在下一章阐释，权威型方式平衡了控制（设置边界、提供指导）与温情（给予爱与理解），能够帮助孩子感觉良好，成为最好的自己。

第6章

"老虎父母""海豚父母"
与"水母父母"

1969年，儿童心理学家海姆·吉诺特（Haim Ginott）写了一本书，书中谈到有些青少年说，他们的父母会"像直升机一样盘旋在他们头顶"。[1]自从吉诺特的《孩子，把你的手给我（Ⅱ）》（*Between Parent and Teenager*）出版以来，针对某种类型父母的标签已经不只是"直升机父母"（过度投入）了，还包括了"虎妈""虎爸"（执着于成就）、"割草机父母""铲雪机父母"或"推土机父母"（致力于为孩子的成就扫清障碍）。

记者和博主也将各种极端的教养标签推广开来。与虎妈、虎爸相反，"大象父母"会过度地抚育和保护孩子。如果父母强调长期的身体亲密（比如孩子5岁了还和父母同睡），这些父母就被称为"依恋型父母"。如果父母随波逐流，不强调规则与期望，他们就是"水母父母"。有些父母按照自己小时候的生活方式对待孩子，他们允许孩子探索家周边的街区，允许他们独自乘公共汽车，这些父母就是"放养型父母"。还有一种"海豚父母"（延续以动物命名的风格），他们通过与孩子合作来平衡这些极端的教养方式。他们有合理的规则和期望，既坚定又懂变通，并且与社区（族群里的其他海豚）一同合作来培养孩子的天性。

社会科学家也试图对照料者进行分类。1967 年，加州大学伯克利分校的发展心理学家戴安娜·鲍姆林德（Diana Baumrind）发表了最经得起时间检验的现代教养分类方式。[2] 后来，鲍姆林德本人在 1971 年将原本的 3 种教养方式扩展到了 8 种。1983 年，斯坦福大学的埃莉诺·E. 麦科比（Eleanor E. Maccoby）和约翰·A. 马丁（John A. Martin）又将 8 种合并为 4 种。[3] 这种分类方法通常会沿着"控制"与"温情"的直角坐标系（即鲍姆林德所说的"要求"与"回应"）来描述父母的教养方式。我们很喜欢格雷姆·斯图尔特（Graeme Stuart）信息图（体现在图 6-1 中），因为他用的同义词和流行语有助于抓住 4 种教养方式的本质，而且此图也显示了回应 / 温情、要求 / 控制等维度是如何从低到高变化的。你可以看到，这些研究将教养方式分为放任型（permissive）、权威型（authoritative）、不参与型（uninvolved）与独裁型（authoritarian）。

尽管鲍姆林德的研究对象大多是加利福尼亚州伯克利市的白人、中产阶级的学龄前儿童，而且他们的父母主要是异性恋，但随后的 400 多项研究考察了不同民族、不同社会经济水平的青少年，以及父母的婚姻状况各不相同的少年，重现并完善了她的研究结果。这些时髦的标签是流行文化与科学的罕见结合，而事实证明，许多标签（如水母父母）确有一定效度。例如，早在"水母"这个标签出现之前，研究者提出"放任型"教养已经有半个世纪之久了。

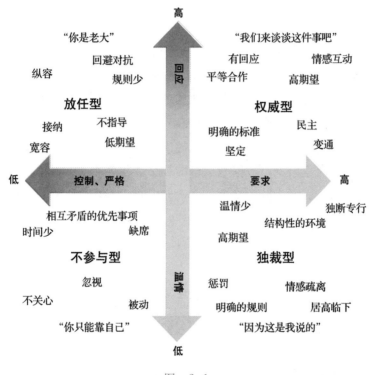

图　6-1

然而，为什么要关注这些标签呢？当然，几千年来，父母一直在评价其他父母的教养方式，但更确切的原因是：结果。教养方式之所以重要，是因为图6-1中的各个类别与不同的结果有着稳定的联系。无论文化、民族、年龄和社会阶层如何，结果对父母和孩子都很重要。（简要说明一点，从这里开始，当我们说"教养方式"或"类型"的时候，我们指的就是图 6-1 的四个象限。这些分类都建立在研究的基础之上。其他标签可能有助于杂志的销量和网站的点击量，但缺乏生态效度。）

教养方式的作用

正如我们在第 5 章末尾预先介绍的那样，研究者多次发现，主要使用权威型教养方式的父母，通常能养育出表现良好、快乐、学业成功、社交能力强和自信的孩子。你肯定知道我们接下来要说什么了。其他教养方式就不那么好了。独裁型父母养育的孩子，出现不良行为的概率较高，心理健康水平、社交能力与学业表现较差，自尊也较低。放任型父母的孩子往往更冲动、更自私，社交能力较差，在人际关系上也会遇到问题。不参与型教养也与孩子的冲动、行为问题和物质滥用有关。不参与型（忽视型）父母的子女，心理健康状况最为糟糕，自杀率也是最高的，这一点儿也不奇怪。

在你开始惊慌失措之前，请回想一下你忘记帮助孩子做科学课作业的那个晚上——也许是因为你要修理漏水的水龙头、开会或者加班。停下来想一想你的亲身经历：真正的育儿经历不是四四方方的象限。此外，再想一想大多数研究者闭口不谈的秘密，尤其是如果他们自己也有孩子的话：图 6-1 第四象限里的事情，所有的父母至少都会做上一些——每周甚至每天都会做。这种情况差不多是这样的：

切尔西是个惹人烦的 10 岁小孩。其实，她很可爱，但她的父母斯图和芭布觉得切尔西的拖拉让他们很恼火。不管父母给了她多少警告，她总是不守时。有时，她要穿上再脱下五件不同的衬衫，才能选出自己最喜欢的一件；还有些时候，她找不到自己的另一只鞋在哪儿。她每周至少会有一次不知道把作业放到哪儿去了。所以，她父母经常来不及开车送她去坐校车，只能一路把她送去学校。由于绕了远路，父母有时会上班迟到。

斯图和芭布对切尔西早上的磨蹭习惯有不同的反应，这取决于他们的心情、工作职责、切尔西的态度，甚至是天气。

反应 1：权威型

教养方式：高温情 / 高要求

典型特征：有回应、高期望、民主

在备份笔记本电脑里的文件之前，芭布来到切尔西的房间查看她的情况。

"切尔西，你还没有穿好衣服，爸爸已经做好早饭了。接下来的 5 分钟内，你要怎么做才能准时上学？你需要我帮你选衬衫还是装书包？我们 7:20 出门，所以我们要抓紧时间了。"

反应 2：独裁型

教养方式：低温情 / 高要求

典型特征：情感疏远、高期望、惩罚

芭布回到切尔西的房间，发现她正在房间的地板上玩乐高。

"我让你做什么了？我让你坐下玩儿了吗？没有！5 分钟前我站在这儿，清楚地告诉你要穿好衣服，下楼，吃早饭，把作业放进书包里。今天早上全家不只有你一个人要准时出门，小姑娘。赶紧动起来！"

反应 3：放任型

教养方式：高温情 / 低要求

典型特征：接纳、宽容、回避对抗

芭布一边喝着咖啡，一边给切尔西打包午餐。就在这时，她用余光瞥见了切尔西。

"小家伙，已经 7:20 啦。如果我们马上出门，你可能会稍稍迟到一会儿。这是你的午饭。我要自己去做些准备。你知道麦片和牛奶在哪儿。"

反应 4：不参与型

教养方式：低温情 / 低要求

典型特征：不关心、相互矛盾的优先事项、回避对抗

斯图和芭布匆匆各自做完了早上要做的事情，最后在门口汇合。

斯图：你女儿呢？

芭布：我女儿？今天早上该你送我们的女儿去上学了。

斯图：我得赶公交车。今天你送她，明天我送。

芭布：好吧，如果她迟到了，那就迟到吧。我让她自己和行政老师解释。

无论是流行的还是科学的，分类标签都能为我们提供方便的简称。然而，这些例子都表明，慈爱、善意的父母会根据情况从一种方式切换到另外一种。让分类变得更加复杂的是，共同抚养孩子的父母在方式上不会完全一致，就像没有任何父母能与孩子的其他照料者完全一致——如祖父母、教师、教练等。大多数时候，教养难以明确分类。教养可能是艰难、混乱的事情。

更复杂的是，父母只是影响孩子认知、社会性和情绪发展的众多环境因素中的一种。基因以及基因与环境的相互作用，也会影响发展。[4]如果这让你觉得自己的影响力很有限，那是因为事实的确如此。事实上，你对孩子发展的控制，就像在河里钓鱼一样。尽管你能控制你站在哪里、如何抛竿、用什么鱼饵，但你控制不了天气、水流、自然界的掠食者，也控制不了鱼往哪儿游。

当然，养育孩子也可能比其他任何活动（包括钓鱼）都更有趣、更愉快、更令人满意。（我们酷爱飞钓的朋友表示不同意。）这就是成年人生孩子的三个原因。（许多书籍和电影关注的是另外一个原因。）为了给孩子和我们自己带来最大的好处，我们最好尽量待在权威型的象限里。

在一些不同寻常的情况下，比如遇到紧急的安全问题时，需要使用独裁型的方法。比如说，如果你刚刚拿到驾照的青春期孩子因为要去拿手机，即将驶入迎面而来的车流，这时就应该大声发出命令。如果再次遇到这样的情况，你可以取消他们开车或用手机的特权，而不再警告他们。在其他的特殊情况下，你可能会纵容孩子，故意采用放任型的方式。如果家里每个人都度过了疲惫的一天，没有人想做晚餐，那么全家人都可以蜷缩在沙发上，吃着冰激凌，看一部超级英雄电影，这可能是一件很棒的事情。

这些偶尔的专制型和放任型做法之所以有效，是因为它们①是有节制的；②很适合当时的情况。如果有节制而适当地使用，这些不符合权威型的教养方式在孩子看来就是合理的。即便不考虑很多结果研究支持权威型教养方式的益处，我们的直觉也会告诉我们，花太多时间做独裁型或放任型父母，会造成可以预见的消极后果。无论我们多么伤心、疲惫或忙碌，最好只花很少的时间待在不参与型象限，这也是有道理的。如果父母觉得自己经常陷入这种状态，他们就应该尽可能地、定期向朋友、亲人或心理健康专业人士寻求支持。不参与型很少是任何父母的主要教养方式，但如果有些人从一开始就不想要孩子，或者他们正在面对慢性的、令人衰弱无力的心理健康问题，抑或是他们正在试图全力应对某种不堪重负的生活逆境，就会产生这样的情况。

深入了解权威型教养

权威型教养究竟会给人什么感觉，尤其是在压力大的情况下？教养是一项艰巨的挑战，所以我们再来看一个符合现实的案例，并用这种有意义的方式来结束这一章。任何人都可以下决心做权威型的父母，但要真正做到就需要练习。请看下面的亲子对话。在这次对话中，父母尽了最大努力去注意自己对孩子的内在情绪反应，平衡了界限设置与高标准，并且给予了孩子与年龄相符的自主权。

艾米：我出门了。

父母：去哪儿？

艾米：我还不知道呢。山姆给我发了一条短信，我猜大家要去商场玩儿。

父母：我认识这些"大家"吗？

艾米：可能吧，我不知道。我没问山姆究竟哪些人要去。

父母：好吧。但是商场还有一小时就要关门了。

艾米：所以呢？

父母：所以，我希望知道你在去完商场之后去哪儿。

艾米：为什么你总是得知道我生活中的所有细节？

父母：我不需要知道。事实上，我相信还有很多东西我不知道。但我觉得，关于你去哪儿这件事，无论是我问你还是你告诉我，都是很合理的。我没说你不能去，但我开始觉得我希望自己这么说了。

艾米：可我不知道……不知道具体的。

父母：你周一要交哪些作业？

艾米：不是吧？我们要谈这个吗？

父母：（安静地等待，不动声色。）

艾米：我有法语和物理作业。法语我做完了，物理用不了多久……可能要一小时。没事儿。

父母：练双簧管了吗？

艾米：我今天下午练了。你听见了。

父母：我是听见了。听起来不错。我们明天有那么多事情，我不知道你明天能不能好好练习，并且把物理作业做完？别忘了罗杰叔叔和伊冯娜婶婶要过来吃早午餐。

艾米：我可以早起一点，在他们来之前练习。然后我可以在下午做物理作业。

父母：在正常情况下，你周六晚上最晚 11 点就得回家。如果你 11 点半上床，你能睡够吗？

艾米：你什么都要操心！我能管好自己的生活，你知道的。

父母：没错，你通常能做出正确的决定。那就给我讲讲吧。我想听听你今晚和明天的计划。

艾米：（叹气）好吧。我和我的朋友会在商场里待一个小时，我猜，直到他们关门为止。然后我们可能会去什么地方

　　吃饭，或者去别人家里，只是去玩玩。商场关门后我会发短信告诉你我们的计划。然后我大概 10:30 到家，这样明天早上 8 点多起床的时候就不会太累了。

父母：好的。听起来很合理。你和朋友出门，如果他们中的一些人开始……

艾米：我知道，我知道。如果有人喝酒、使用违禁药物什么的，我就回家。

父母：很好。祝你玩得愉快。今晚 10:30 左右见。

　　在这次互动中，这位父母非常善于合作，并且坚持了合理的高期望。这是一次双向的互动，父母给出了充足的理由，让艾米为她的一些担忧做出了解释，并且与艾米分享了一些决策的权力。显然，当艾米要出门的时候，这位父母没有忽视艾米（这就是不参与型的做法），也没有做出"好吧，等你回来"（这就是放任型的做法），更没有说"你不许和我不认识的人出去"（这就是独裁型的做法）。相反，父母回应了艾米想要去和朋友出去玩的希望，但坚持了晚上 11 点回家的明确要求，以及家庭作业和乐器练习要优先于娱乐的高期望。父母在时间安排上很灵活，但仍然把安排中的其他要求对艾米说得清清楚楚。

　　并非每一次亲子互动都能以成熟、自觉的妥协告终（想得美），但权威型教养最有可能成功——不仅是在当下，而且从长期来看也是如此。如果你能始终如一地使用权威型方式，那么随着时间的推移，孩子就会内化你的理性之声，发展出反思并独立做出成熟决定的能力。毕竟这才是最终的目标。父母不在身边时，孩子会做出各种各样的决定，随着孩子的年龄增长，这种情况只会越来越多。权威型教养有助于确保孩子在走向独立的时候，智慧也能同步增长。相反，如果父母采用独裁型教养，或者在任何教养方式中添加过度的、不健康的压力，那么就可能对孩子的心理健康和行为造成破坏性的影响。孩子会内化这种控制欲强的、情感疏远的声音，开始用这种严厉态度对待自己。因此，每当他们不能满足父母不切实际的期望时，他们的自我价值就会受到极大的打击，情绪也会一落千丈。

在这一章里，我们尝试做了三件事：①给你一种比流行文化概念更可靠、更有效的方法来给你的教养方式分类；②说明真实的教养是可变的，而不是绝对的；③强调权威型教养方式（温暖、灵活变通、有回应的方式，并且要设置高期望，执行明确的规则，欢迎协商决策）与最好的社会性、情绪和学业结果有关。以这个框架为基础，我们现在可以回到期望的话题上，并探讨哪些期望是有效的，哪些会适得其反。权威型和独裁型教养都会对孩子提出高要求，但权威型的一个标志是温情。这个主题十分重要，在本书后面会有一个专门的章节来讨论。

第 7 章

调整你的核心期望

● 转变 2：从战胜他人到超越自我 ●

当我第一次听一个学生说"如果我不能门门功课得 A 或 A-，
我爸妈就会让我退学"，我以为这只是青少年夸张的说法。第二次
听说的时候，我感到很惊讶，原来世界上不止一对父母会用这样
的威胁来逼孩子考高分。第三次听说的时候，我完全相信了，因
为这话直接从一位家长的嘴里说出来。就在我的办公室里，我见
证了"保护的本能"穿过了"文化与传统""家庭历史"与"个人
身份认同"的透镜，再经过"气质与人格"棱镜的折射，最后展
现在了我的面前。在表达这种有害的言语压力时，拉森先生一点
都不迟疑，这种压力就像一道激光一样，聚焦在了成绩这种单一
的结果上。

"我们的期望很明确，瑟伯博士。"他先看了看妻子，然后看了看我，开口说道："如果帕特里斯拿不到 A，我们在她教育上的投资就白费了。我们会让她退学，让她进老家那边的公立学校——顺便说一句，也不算太差。在那儿，她就能得 A 了。你我都知道，老家那边的竞争不如这边激烈。虽然这里的文凭不可小看。"他一边说，一边随意地指了指通向校园的窗户："但成绩很重要。这是不可否认的。"

当然，他是对的。成绩很重要，但不如心理健康重要。正如前几章中总结的研究所表明的那样，高度的焦虑或抑郁会损害学业表现。压力的悖论在这房间里体现得淋漓尽致，等待着我做出回应。"我不知道该如何比较这所学校的 B 和另一所学校的 A。"我坦言道，"但不管帕特里斯在哪儿，关注她的努力远比关注她的成绩更有助于她的学业表现。"

拉森先生大为恼火，答道："努力一直都是学习的一部分，帕特里斯知道这一点，但她必须明白获得高分有多么重要。要知道，如果她进不了顶尖大学，这一切都白费了。"

学习过程与学习成果

考虑到一些大学的招生竞争激烈，许多父母有拉森先生这样的想法也是可以理解的。[1]然而，以名牌中学为踏板进入名牌大学的日子，已经过去差不多一个世纪了。因此，父母应该把期望放在孩子的努力而非结果上，放在学习过程而非学习成果上。这对于孩子的心理健康和教育都是明智的选择。这就是"转变 2"的核心，但要让拉森先生相信这一点并不容易。尽管如此，我还是说服了他放弃用转学来威胁女儿。主要是因为我生动地描述了这给他女儿带来了多大的焦虑。

在随后与帕特里斯的谈话中，我让她稍稍放松了对高分和专横父母的关注。我们一起试着理解父母的意图——这种建立在真正的关爱与担忧之上。我们还谈到，责备她"愚蠢的"老师、"魔怔的"父母以及"无聊的"课程，其实是在逃避她自己的责任。一旦帕特里斯不再为自己学业不佳寻找外在原因，她就开始注意并享受学习的内在乐趣了——至少在有些课程中如此。最后，这种思维模式转变对她的情绪和成绩产生了积极影响。帕特里斯的父母继续传达着他们的高期望，但他们也改变了。除了不再威胁要让她离开自己喜爱的学校之外，他们还尽力鼓励了她的努力——超越自我，而不是强迫她一定要超越他人。

父母期望的益处

父母向孩子表达期望，有着很大的价值和演化上的意义。关键在于这些期望是什么，以及父母如何传达这些期望。如果期望能起到下面这些作用，对孩子来说可能就是有益的。

- **保持进步的势头**。父母的期望是一种心理力量，能推动年轻人沿着特定的人生道路前进。父母对孩子的努力、行为、决策或人际关系等方面提出期望，就提供了有价值的目标和强大的动力。例如，这样的期望可能是"我父母希望我找一份暑期工作，而不只是出去玩""尽管我与他人之间存在差异，我父母也希望我要尊重他人"，或者"我父母希望我在高中毕业之后再尝试喝酒"。

- **提供关注点**。无论父母关注的是运动、艺术、学业还是社会情绪方面，父母的期望都会引导孩子把时间和精力集中在相应的地方。到了一定的时候，大多数父母都会帮助孩子选择运动、乐器、书籍或者朋友。我们的生活经验让我们能够很好地提供这类指导。大多数父母也希望这些选择是经过深思熟虑的，并且允许孩子做一些尝试，犯一些错误。例如："你已经经历了一次脑震荡，我担心无论是踢足球还是打橄榄球，你都有可能再次受伤。话虽如此，你也不能只待在家里。越野跑怎么样，至少跑一个赛季试试？"

- **传授先辈的智慧**。除了引导孩子的精力以外，父母的期望也能传授几代人的集体智慧。所有父母都从自己的父母和祖父母那里学到了许多智慧、价值观，并吸取了教训。如果我们的期望是现实的、积极的，就会发挥特别强大的作用。因为这些期望是可实现的、对孩子有吸引力。例如，一位家长可能会说："我知道你不太喜欢你的陶艺老师。现在，他让你把大部分时间花在扔罐子上，但你想试着做一些自由造型的雕塑。在我看来，这两种技能都是你学习这门手艺的基础。这些年来，我和很多教练和老师面对面交流过。要不我们练习一下你在这周下课后会对他说什么，你看如何？"

我们区分了健康与不健康的期望，又提供了一些例子，现在让我们给出一个定义：父母的期望是照料者对于孩子如何思考、感受和行动的希望或信念（有意识或无意识的）。如果这种期望是现实的、积极的，就能促使孩子的想法、感受和行为与之相符。然而，如果父母的期望是不现实的、消极的，就会催生有害的想法、感受和行为。我们自然会问：父母如何避免表达不健康的期望？
答案是：强调不懈的努力而非具体的结果。此外，孩子和你还应
该做到以下事情：

- **审视自我**。所有父母都会在无意中向孩子传达一些期望。
  例如，有些父母会问他们青春期的儿子："你有女朋友吗？"
  几年后，他们可能会惊讶地发现，他们的同（双）性恋儿
  子生活在被否定的恐惧里，因为他们的父母已经明确表示，
  希望他们是异性恋。那些父母可能没有意识到这个问句中
  隐含的异性恋正统主义。比较有包容性的问题（如"你谈恋
  爱了吗"）就不太容易导致顺从常规的恐惧。不过，"你现
  在生活中最重要的关系是什么"更不容易传达出应该谈恋爱
  的期望。这确实很难，但如果父母能审视一下，自己的无
  意识期望是否在与孩子的言语交流中流露出来了，他们就
  能从中受益。

- **询问孩子**。这听起来很简单，但没有任何话语能代替直接
  询问孩子——"你觉得我对你有什么期望"或者"我的期
  望有没有给你造成困扰——无论是我明确说出来的期望，
  还是以某些方式给你留下的印象"。孩子可能只会给你一个
  疑惑的眼神，但你已经清楚地表明，你的期望并非不可以
  谈论。你可能得在一两个月后再问一遍，但大多数孩子最
  终会与父母分享他们的想法，谈起他们如何看待父母的期
  望与他们认为能够做到的事情之间的差别。即使你不同意，
  也请仔细倾听，这样你和孩子才能达成共识，弄清你的期
  望，以及你该如何支持孩子去学习、成长、取得成就。

- **坚持以孩子为中心**。在某种程度上，所有父母都会借助孩

子来体验替代性的人生。请确保你的期望建立在孩子的（而不是你的）兴趣、能力和人格之上。如果你强迫孩子取得某种成就，某种你希望自己能取得但从未取得的成就，那你很快就会尝到恶果。以这种方式强迫孩子可能会给你带来替代性的成功或满足，或者得到临时的炫耀资本，但这一切与情绪上的副作用相比都得不偿失。请记住，你对成功的定义总是与孩子的定义不同。家庭成员可能有共同的价值观，但总有不同之处。父母和孩子的性格优势与具体天赋也各不相同。你的优点可能在学业上，而孩子的优点可能在运动上。也可能你喜欢莎士比亚、写十四行诗，但孩子更喜欢看动漫、写小说。谁知道呢？当然，你的价值观、兴趣、能力和人格会影响孩子。关键是不要把你热爱的东西原封不动地移植到孩子的日常安排中，希望他们达成或超越你或你父母在过去设置的目标。（如果你想确认孩子是否真的不想成为你——不管他们有多爱你，那就给他们看一张你七年级时的照片吧，看看他们有何反应。我们保证这样会让你打消把孩子变成小号自己的幻想。）

- **先欣赏，再评价。** 从孩子出生开始，父母就在评价孩子的行为是好还是坏。他们经常不考虑孩子的行为有多自然，也看不到行为背后的创造性、决心和情绪。你甚至还会对新生儿轻声说："哎呀……你是不是坏孩子？你是不是趁爸爸没来得及换尿布就拉臭臭了？"这种话可能在未来会变成："哎呀……你这学期西班牙语怎么考得这么糟糕？"请注意这些问句和下面这种问句的区别："哎呀……拉臭臭啦？我猜下次我的动作要再快些。""这学期的西班牙语比上学期难多了。"我们并不是想说你不应该训练孩子如厕，也不是说你不应该帮助上中学的孩子提高外语学习能力。相反，我们是想提醒你，要用发展的视角看待所有不好的行为（问问自己"这种事对这个年龄的孩子来说正常吗"）；在给后果贴标签之前，要更多地了解行为的前因。

压力型父母更有可能为孩子做出徇私舞弊的事情，就像"蓝色校园行动"打击的行为一样。其中的一个原因就是，父母期望孩子战胜他人，而不是超越自我。支持型父母也有很高的期望，但他们想要孩子超越自我，而不是战胜他人。如果孩子的毅力和努力让他们赢得了第一名或者令人羡慕的成绩，这的确会让你感觉很棒，但你的核心期望应该始终是要孩子超越自我。如果孩子能内化父母的期望，努力超越自我，他们就能充满内在动力，不管完成任务能否得到外在（如某所学校的录取通知书）或内在奖励（如辅导同学时获得的满足感）。此外，如果父母对孩子期望很高，并希望孩子用有意义的方式超越自我，孩子通常就不会发展出完美主义人格[2]，也不会受焦虑和抑郁的困扰。相反，他们会不懈努力，追求卓越。

总而言之，与关注战胜他人的压力型教养相比，强调超越自我的权威型教养方式更能激发孩子的动力，产生良好的表现。奥莉·特梅（Orly Termeie）和她的同事为美国学校心理健康中心做了一项研究。该研究得出结论，最优秀的孩子拥有这样的父母：他们鼓励孩子在学校努力学习，但不专横霸道，并且对家庭作业和孩子行为都抱有很高的期望，但仍然允许孩子休息，允许孩子从错误中学习。特梅和她的同事总结说，能在生活中达到这种平衡的学生，其抑郁症状也更少。[3]

克服代代相传的模式

如果研究结果如此明确，那为什么还有这么多父母陷入"压力型父母"的误区呢？部分原因在于那些父母不知道这些研究的结果。（幸运的是，你现在是了解有害、健康压力的父母之一了。）另一个原因在于有些父母的父母是如何给他们施加压力的。（虽然不是什么惊天动地的发现，但这却是事实。）我们都会把自己独特的风格、从自己父母那里继承下来的模式带入父母的角色。有时候，我们父母说出来和没说出来的期望，会渗透到我们自己的教养过程中。我们会从养育我们的人那里继承一些不健康的态度和行为。幸运的是，增强自我觉察有助于我们摆脱这些态度、行为。

请反思一下，目前你和孩子之间的紧张关系是否与你过去（或现在）和父母的紧张关系类似。请看凯伦的案例：

上三年级的时候，凯伦向全班同学撒谎，说他前一天晚上看到了流星雨。在一次前往当地天文馆的班级旅行后，凯伦请求父母在凌晨 2:30 叫醒他。这正是行星科学家所说的流星雨开始的时间。凯伦的父母拒绝了，因为时间太晚，而且睡眠很重要。

在此之前，凯伦的父母曾要求他每门功课都得 A，只要得分比 A 低，就说是因为"粗心"。为了取悦父母（同时证明自己不粗心），凯伦开始在一些小的方面作弊，比如在考试时把答案写在手掌上。由于凯伦不介意弄虚作假，所以他很容易因为渴望得到成年人的欣赏而控制不住自己。

在班级旅行的第二天，凯伦的老师和同学听说他在半夜看到了流星雨，都对他赞叹不已。为了让自己的话听起来更真实、更可信，凯伦还添加了一些细节，讲了他看到流星雨的时间和坠落方向。一周后，凯伦的父母被请去见了老师。当老师称赞凯伦的父母为儿子的科学教育做出不懈努力的时候，凯伦的谎言被揭穿了。

今天，与父母对峙的羞耻，再加上不得不向全班同学道歉的羞愧，让凯伦对于孩子的诚实问题非常敏感。当他发现女儿梅丽莎向垒球教练撒谎，称自己周末在和队友训练，凯伦让她为撒谎向球队道歉，并禁止她参加接下来的四场比赛。

不健康的压力，只是凯伦与父母之间复杂关系的一部分。当然，凯伦小时候的不诚实行为也受到了其他因素的影响，他孩子现在的不诚实行为也是一样的。当你在反思自己是如何给孩子施加压力的时候，你可能会发现，以前没有注意到的历史因素在你和孩子现在的关系中发挥着作用。凯伦的案例提醒我们，要考虑父母施加压力的情境及可能的缘由。

有些压力型父母重蹈了上一代人的覆辙，但还有些父母有当下的心理创伤，这种创伤影响了亲子关系。几年前，我曾为一个叫米娜的毕业班学生进行治疗工作，她母亲总是很挑剔、控制欲过强。在学校放假期间（包括暑假），米娜的母亲坚持让她待在他们位于市中心的小公寓里，为参加标准化考试而学习。在两年多的受限生活中，米娜要忍受母亲不断地坚称，她的付出最终会让她进入哈佛、耶鲁、普林斯顿或斯坦福大学。如你所料，当米娜第一次来见我的时候，她很孤独、焦虑，完全不愿意去上那些大学："不然我妈就会觉得她赢了，那样的话，她就会用同样的方式折磨我弟弟。"

在我们第二次（或第三次）见面时，我了解到米娜的父亲在多年前离开了家，去追求自己的事业，和另外一个女人好了，留下了她母亲一个人。母亲既没有工作，还要在大城市里抚养两个孩子。我相信，这位母亲成为压力型父母，在很大程度上是由丈夫的抛弃和背叛导致的。移民身份带来的就业困难很可能让她更加渴望两个孩子能够成功，于是错误地把进入这四所著名大学当作成功，但这也是情有可原。

在这个家庭系统里，无疑还有其他因素在发挥作用，但我不禁希望这位母亲也能像她女儿一样，从心理治疗中获益。她对米娜施加的有害压力和严格限制似乎是她的应对方式，她在用这种方式来应对被抛弃的创伤。也许她的行为是在表达对米娜父亲的愤怒，但这既是过度的控制，也是错位的表达。这是很难确定的，但诸如此类的心理动力学洞见常常有助于人们理解适应不良的行为，并改变他们的思维模式。也许某种支持性的个体、家庭治疗能帮助米娜的母亲，改变她要求米娜战胜他人的僵化期望，将其变为更灵活的期望，专注于鼓励米娜超越自我。采取专注自我的、灵活的期望，也可能会帮助这位母亲看到，给予孩子与年龄相符的自由有利于孩子的发展，让孩子休息有助于智力的进步。米娜的案例提醒我们不要急于评判自己或他人，要优先收集信息、寻求支持。不健康的行为几乎都是源于痛苦的症状，而不是恶意使然。

来自虚拟世界的压力

不健康的压力也会来自年轻人的同伴，无论是来自面对面的交流，还是来自短信、社交媒体和约会软件。在 Instagram 等流行社交平台上，用户可以创建一个精心设计的自我形象，展示他们的经历、创意和社会关系。对于大多数用户来说，他们发布线上资料就像在炫耀他们取得的成就。很少有人发帖谈论努力，更不会提到从失败中学习了。当然，年轻人会在 YouTube 网站上发布"失败"的内容，就像他们的父母在 Pinterest 网站上发的一样，但他们的目的是讽刺、幽默、吸引眼球，而不是诚实地讲述自己面临的严重困境。对于许多青少年和年轻人来说，最后的结果就是不断看到他人的精彩，对自己看似平凡的生活感到沮丧，为错过无数有趣的聚会、难忘的经历而焦虑，为取得一些值得发在网上的成就而备感压力。社交媒体助长了孩子的竞争心理。

12 岁的尼克以前从来没有被老师训斥过。在正常情况下，尼克表现很好，对同学和老师都很尊重。但是，在上七年级的第一天，他的班主任范德里斯基女士要求每名学生讲述他们暑假中最精彩的时刻。尼克的回答是："我的暑假糟透了。"

范德里斯基女士对尼克用的"糟透了"这个词有点担心，她说："抱歉，尼克。你说什么？"尼克不知道他说错了什么话，又用了这个词，这次他更详细地解释道："我说，我的暑假糟透了。没什么值得发的。"

"没什么值得发的？"

"没什么能发到网上的，范德里斯基女士。没什么值得发布到 Instagram 上的。"

像 Tinder、Bumble、OKCupid 和 Grindr 这样的约会软件对自我意象的破坏可能比其他社交媒体软件更大。年龄较大的用户群体更善于应对同伴压力，但他们的"勾搭"行为（明显缺乏情感投入的、快速的性接触）更有风险，遭受拒绝时可能使他们受到特别严重的打击。

特蕾西在第一次和我见面前的一周刚刚年满 18 岁。当我问她为什么来找我，以及我怎样才能帮到她时，她的话出乎了我的意料："你可以帮我想个办法，让我彻底删掉手机上的约会软件。我需要有人阻止我重新安装，因为我总是这么做。"

"你很矛盾。"我说。

"不，我确定我不想在手机上装这些软件。如果装了，我就会浪费时间，但如果没装，我也会浪费时间做其他事情，所以这不是我担心的事情。"特蕾西解释道。

"你知道你不希望在手机上装这些软件，但你还是装了。"我说，"你听起来几乎有些上瘾了，而不是矛盾。"

特蕾西沉默了几秒钟，然后说："该死。我从没想过是上瘾，但我觉得你是对的。"

"那么，这些软件有什么优点？"我问道。

"这个嘛，有人联系我，说想和我聊天或见面的时候，我感觉很好。这样能让我走出校园，让我的社交生活丰富一些。我在这些软件里待得越久，学校就显得越小。"

"这些软件有什么不太好的地方呢？"我问道。

"这就是我来这里的原因，"特蕾西解释道，"当我被甩的时候，我感觉糟透了。我说的不是立刻被甩。如果我们从聊天到真正见面，那我们通常就会勾搭上。这是有意思的部分，可是后来对方的态度就变成'回头见'，那他们就再也不想跟你勾搭了。"

"听起来你想要一段恋爱，而不是勾搭。"我大胆地说。

"什么？！不可能，瑟伯博士。你说'恋爱'？天哪，千万别。没人有时间谈恋爱。"特蕾西身体后仰，皱着眉头看着我。

"我完全想错了，"我说，"所以这与恋爱无关，而是你想和同一个人多见面几次。"

"不，甚至连这个也不是。我有点不好意思说，但管他呢。只是，和我交往过的女孩和男孩通常都会评价我的身体，让我对自己的体重、头发、胸部……所有的一切都感到很难为情。有时，有些人会说'哦，你的身材……你懂的……很棒'之类的，这样我就对自己感觉不错。然后下星期有人就会说，'姑娘，你为什么要刮腋毛？我喜欢自然的'。然后我回学校的时候就会对自己的身体感觉很糟糕。"

"所以这时你想要删掉这些软件，"我猜测道，"至少是暂时删掉。"

"不。在这之前就想。我会说'你滚吧'，但我真正想说的是'我滚吧'。我为什么总是做这样的事？我为什么要在乎？我不知道，但我真的在乎。所以，是的，我删了这些软件。"

"可你之后又会重新装上。"我说。

"也许我应该去做心理学家，"特蕾西开玩笑说，"看起来挺有趣的。此外，你可能不在乎别人对你的看法。"我对她露出了一个"别逗了"的微笑，我们都笑了。

请注意，现代的同伴压力与多数父母和祖父母经历过的大不相同。现在大多数孩子并不会面对面地给其他孩子压力，迫使他们去冒不健康的风险。与成千上万的青春期孩子谈过之后，我们认为"你妈妈不让你这么做吗"或者"怎么了，你害怕被抓住吗"这样的同伴压力几乎已经消失了。现代的同伴压力是潜伏的、持续的，反映的是陌生人和一大群朋友的行为，而不只是两三个人。由于那些精心编写的网上个人资料，中学生产生了这样一种印象："每个人"都在旅行、春风得意，或者很风趣幽默。

必须达到或超越社会标准的压力也扭曲了年轻人对自我价值的看法，包括对自己和他人价值的看法。（第 14 章会更详细地谈这一点。）我曾问一名 18 岁的毕业班学生，在与约会软件上的人发生短暂性关系是否存在风险。他答道："这个嘛，我会在 Instagram 上查看他们。如果他们有成千上万的粉丝，那我就知道他们是靠谱的。"如果粉丝、订阅者、网友数量成了一个人品格靠谱的标准，能够让一个人的性经历变得清白，那么年轻人就进入了一个十分脆弱、不可预测的虚拟世界。

作为父母，我们无法与互联网的诱惑竞争，但我们可以提供健康的平衡，比如偶尔在孩子和网友交流时坐在他们身边，就像他们与朋友面对面互动时坐在他们身边一样。大一点的青少年当然会拒绝这样的提议，但如果我们在最初允许他们上网的时候就偶尔陪伴他们，那他们就会接受我们待在身边。我们的陪伴能抵消一些互联网上最有害的压力——比其他任何东西都有效。的确，尽管孩子会表示反对，但他们能从我们的陪伴、提问和观察中受益，无论是在虚拟世界还是现实世界。请看看下面这样的对话对于减轻压力能起到多大的作用：

父母：（坐在孩子身边）你在用哪个软件？

拜伦：（眼睛盯着手机）啥？没什么。我在看老师布置了什么作业。

父母：看起来如何？

拜伦：什么？

父母：今晚的作业。看起来怎么样？好做吗？

拜伦：还没布置呢。所以我先看看 Instagram。

父母:(努力不去关注拜伦最初的谎言)哦。Instagram 上有啥
　　新鲜事吗?

拜伦:(第一次抬起头来)没什么。

父母:(努力不把拜伦的话当真)你今天看到的最有趣的帖子
　　是什么?

拜伦:没一个有趣的。

父母:可每张照片你都双击了。

拜伦:因为他们是我朋友。

父母:所以,你算是在跟他们打招呼。

拜伦:差不多吧。

父母:他们跟你打招呼了吗?

拜伦:(微微一笑)Instagram 不是这么玩儿的。

父母:那教教我怎么玩。

拜伦:为什么,好让你在 Instagram 上跟踪我吗?

父母:我只是对你在发什么东西感兴趣。

拜伦:真的吗?

父母:嗯,我不确定,因为我还不知道你发了什么。

拜伦:(微微一笑)也许我们最好保持这种状况。

父母:(忍住不去指责拜伦的无礼)我只是好奇。看起来……
　　我是说……你在 Instagram 上花了很多时间,所以这对
　　你来说一定很重要。

拜伦:(叹气)好吧。今天我发了薯条的照片。真有趣,对吧?

父母:这薯条肯定有什么有趣之处。

拜伦:我想提醒我的朋友不要在食堂吃薯条,因为又湿又软。
　　所以我给图片加的标题是"瘸子",把它变成了表情包。
　　差不多是表情包吧。

父母：你是在为朋友着想。

拜伦：差不多吧，但不是每个在 Instagram 上关注我的人都是朋友。

父母：有些人不是？

拜伦：嗯，比如朱莉娅·佐斯达克就不算。

父母：为什么？

拜伦：她只会公布她最近的化学成绩。比如"天哪，95。为什么夏博诺先生会扣我 5 分？"

父母：你觉得她在炫耀。

拜伦：得 95 我会很兴奋。你知道我不是擅长理工科的人。

父母：你在拿自己和朱莉娅比较。

拜伦：没有。她是个傻瓜。

父母：化学考 95 的傻瓜？

拜伦：没错。

父母：这个傻瓜的帖子让你觉得自己"不擅长理工科"？我都不知道你会让同学左右你的想法。

拜伦：他们不能。但我得不到 95，这是肯定的。

父母：（决定关注社交媒体的影响，而不是像往常一样说教"多学习，少上网"）如果你不知道朱莉娅的考试成绩，你会更有动力吗？

拜伦：我不知道。

父母：但是你可能会对自己有不同的看法？

拜伦：不知道。

　　帮助孩子从战胜他人转变为超越自我，是一个循序渐进的曲折过程，所以我们不能一眼看出这位父母是否成功了。在教养的过程中，要充分利用你能发现的任何机会。社交媒体不断地展示人们的才华、评论别人的外貌、成绩和成就，削弱了孩子的动力，我们则要努力重建他们的动力。如果你没有发现任何重建动力的机会，那你就仍然需要培养亲子关系。做好这件事能有奇效。在上面的案例中，这位父母的提问和评论并没有改变拜伦的期望，也没有减少有害的同伴压力，但至少他（她）表现出了一些温情，这是我们最初在第 6 章探讨过的基本关系要素。这种温情再加上现实的期望，以及对孩子（不是父母）兴趣的专注，就是健康压力的关键组成部分。我们会在下一章看到这一点。

第 8 章

增加你对孩子的温情

● 转变 3：从实施非言语压力到温柔的情感表达 ●

你出生时赤身裸体、全身湿透，就像父母喜欢提醒孩子的那样，这就是等着"死于感冒"。为了减小这样的风险，照料者会本能地擦干新生儿，并把他裹起来。大多数其他哺乳动物的父母也是这样做的，本能地温暖新生儿，甚至在给孩子喂食之前就要这样做。[1]然而，父母在给新生儿擦身体、把他们抱紧的时候，给孩子的不仅是身体的温暖。父母也在传达人际的温情。怀抱婴儿可以为他御寒，也能传达人类能从父母那里得到的最强有力的信息：欢迎来到这个世界！我会陪着你，保护你，爱真实的你，只是因为你是我的孩子。因此，父母的温情是这些要素的结合：接纳孩子本来的样子，通过适当的触摸、自我牺牲和交谈表达对孩子的爱，并且用关怀的态度照料孩子的需求。

如果这一切都符合你的直觉，那你就是现代的、开明的父母。人们并不总能理解父母的温情对孩子的健康发展有什么帮助。早在 20 世纪初期，如西格蒙德·弗洛伊德（Sigmund Freud）及其女安娜·弗洛伊德（Anna Freud）这样的精神分析[2]思想家，以及如约翰·B. 华生（John B. Watson）和 B. 弗雷德·斯金纳（B. Fred Skinner）这样的行为主义者[3]都曾假设，亲子联结主要依赖于主要驱力（比如饥饿）的满足。这些研究者认为，婴幼儿依赖父母提供食物和保护，但不会用有感情的方式去爱父母。这种观点专注于生理驱力（如饥饿）的满足，因此也被称为亲子依恋的"食橱之爱"（Cupboard Love）理论。这一理论的某些支持者（如华生）提倡我们现在所说的专制型教养，包括严格的规则、高度结构化的环境、情感与身体的疏远互动、高期望，以及对不当行为的严厉惩罚。

幸运的是，为了人类的心理健康和整体福祉，1958 年发表的科学研究让我们进一步认识到了父母温情的重要性。其中一批数据来自威斯康辛－麦迪逊大学心理学教授哈里·哈洛（Harry Harlow）的灵长类动物实验室。哈洛与妻子玛格丽特·屈恩·哈洛（Margaret Kuenne Harlow），以及他们的同事斯蒂芬·索米（Stephen Suomi）分享了恒河猴幼崽的数据。这些数据显示了这些幼猴待在人工母亲（或称"替代母亲"）身上的时间。就像许多维多利亚时代的孩子一样，这些幼猴在育婴室里长大，与父母没有太多身体、情感接触。然而，在笼子里，幼猴可以在两个人工母亲复制品之间选择。这两个复制品看起来都不太像猴子，但它们倾斜、浑圆的形状，类似猴妈妈的体型都让幼猴很容易抓住。

哈洛和同事发现，所有幼猴都在毛绒布覆盖的猴妈妈模型上待得更久，而不是用金属网制作的模型。即便金属网做的"妈妈"能提供食物（在母猴乳房的位置放有一瓶牛奶），幼猴也只会为了进食而爬上那个模型。如果研究者把某种可怕的东西放进笼子，比如闹哄哄、四处乱走、上了发条的机器人，幼猴总是会紧紧抓住布做的"妈妈"。哈洛的团队是这样解释他们的数据的：舒适感和温情是亲子依恋的核心，而不是食物。

在职业生涯的末期，哈洛还进行了一些研究，这些研究表明，尽管食物和水对生存是必要的，但如果幼猴在隔离环境中成长一年，不接触父母或同伴，它们就会变得心理不健康、孤僻。充足的营养可以让幼猴身体健康，但它们在社会性情感方面状况很糟。[4]这些猴子不仅会蜷缩、孤僻，而且当社会性健康的猴子（与其他猴子一起长大）接近时，它们还会陷入恐慌。尽管哈洛夫妇的研究方法受到了广泛批评，但他们的工作为这一观点提供了实证支持：温暖、稳定的人际交往对灵长类动物的健康发展至关重要。

同在 1958 年，心理学家、精神病学家约翰·鲍尔比（John Bowlby）发表了他的理论：每当婴儿感到担忧、害怕或痛苦时，他们都会有一种普遍的需求，即接近他们的照料者。在为世界卫生组织研究战争孤儿的工作中，鲍尔比观察到，就像哈洛受惊的猴子一样，人类婴儿在感觉到情绪痛苦时，首先寻求的是父母的温情，而不是食物。鲍尔比将哭泣、伸出双臂、眼神交流、抓紧照料者等行为称为"依恋行为"，因为这些行为的目的是拉近与照料者的距离。鲍尔比推断，如果父母总能陪在孩子身边，并通常能对孩子的依恋行为做出温暖的反应，那孩子就会对父母发展出他所说的"安全型依恋"。[5]

然而，在稀少而人手不足的孤儿院，婴幼儿的依恋行为很少能得到回应，鲍尔比记录下了这种情况的毁灭性后果。与哈洛的猴子一样，在社会隔离中长大的人类婴儿拥有充足的食物，但几乎没有人际关系的温情。这些孩子通常是孤僻、抑郁的，没有社交能力。经过数周的社会性、情感忽视，这些孩子会停止哭泣，不再伸出双臂。而且，不出意外的是，他们会表现得好像已经放弃与照料者建立联结了。在大一点的孩子当中，许多人会长期抑郁、情绪能力受损，甚至产生反社会倾向。对鲍尔比和许多人来说，意识到情感严重匮乏的环境会给孩子造成多大的社会性、情绪伤害，是一件很令人悲伤的事情。尽管有吃有穿，有人照料，有房屋栖身，但如果没有与一个或多个照料者建立爱的依恋，孩子在心理上的发展就是失败的。从1958年起，科学支持了数千年来的"支持型父母"直觉：生存与茁壮成长是截然不同的。

在记录下社会性－情感忽视的后果以后，鲍尔比和他的亲密同事、心理学家玛丽·安斯沃斯（Mary Ainsworth）继续描述了非洲国家的、美国的照料者对幼儿的痛苦表现产生温暖而稳定的反应能够如何帮助孩子建立安全型依恋的细节。[6]可能如你所料，安斯沃斯和鲍尔比的跨文化研究发现，安全型依恋的幼儿（相信父母是温暖、可靠的）通常会成长为快乐、自信的青少年。

安斯沃斯后来用一种叫"陌生情境"的研究方法对依恋类型做了分类。她与同事会观察幼儿与母亲单独待在房间里的行为，一个陌生人进入房间时会发生什么，母亲离开几分钟会发生什么，以及母亲回到房间、与陌生人和幼儿共处一室时会发生什么。安斯沃斯观察到，当父母把幼儿单独留在陌生人身边，以及父母回来的时候，幼儿的行为模式揭示了安全型依恋和不安全型依恋之间存在着明显的差别。

　　具体来说，安斯沃斯发现，当与母亲分开，和一个和蔼的陌生人独处几分钟时，安全型依恋的幼儿会表现出适度的悲伤，在母亲回来时会表现出适度的快乐与依恋行为（比如张开双臂让妈妈抱）。相比之下，各种不安全型依恋的幼儿在母亲离开房间时会表现出焦虑或冷漠的行为。然后，当母亲回来时，他们会产生不感兴趣、矛盾或敌对的表现。安斯沃斯发现，孩子之所以会有不同形式的不安全型依恋，是因为父母习惯性地对他们的痛苦表达做出冷漠、不稳定或愤怒的回应。[7]

　　用教养方式的术语来说，我们可以说专制型教养破坏了亲子关系，而权威型教养创造了安全型依恋。安全型依恋是社会性情感健康的重要组成部分，是良好思维与行为的基础——这些思维与行为有助于孩子的终生成功与幸福。孩子在成长过程中相信他们值得被爱，主要是因为父母用良好的方式去爱他们。从本质上讲，这样的孩子有信心探索世界，有力量在被打倒的时候重整旗鼓，有动力为世界贡献自己的能力。

　　此时此刻，我们知道许多读者在想什么。这些听起来都很好，但你应该在孩子不听话或忽视你的时候试着做到温情和可靠。这很难。事实上，我们知道。我们试过。有时，我们成功了；还有些时候，我们失败了。正如我们在第 6 章所说，父母可能努力地按照权威型去做（高回应、高温情，以及高度的控制和要求），但所有父母时不时都会陷入放任型、不参与型和专制型的象限里。要做到转变 3，关键在于保持足够的自我觉察，注意到你何时偏离正轨，这样你才能回到温暖、可靠的教养方式，同时坚持高标准。

现在你可能会想，可我的确温柔地对待我的孩子了，我也能相当可靠地支持他们，尤其是我看到他们需要的时候。可为什么没用呢？这个问题的答案是一个有挑战性的新问题：重要的不是你如何看待你的温情，而是孩子如何看待。他们的感觉才是最重要的。人际关系是双向的、人际间的互动，这意味着你的目的可能与你造成的影响截然不同。（还记得第 2 章的目的悖论吗？它又出现了。）

下面的例子说明了温暖与冷漠的教养（根据孩子的看法）如何显著影响孩子的想法、感受和行为。当你阅读这个例子时，请记住本章第一段中的定义：父母的温情是接纳孩子本来的样子，通过适当的触摸、自我牺牲和交谈表达对孩子的爱，并且用关怀的态度照顾孩子的需求。（相反，父母的冷漠就是排斥、沉默和忽视。）还要记住，父母的行为是温暖还是冷漠，完全取决于孩子认为父母的行为是否出于关心。

一天晚上，布朗迪向父亲斯科特请教数学作业。父亲答道："没问题，但我要先打几个工作上的电话。要不你先做英语作业，我打完电话就去你房间找你。"

布朗迪说："好。"然后回到房间做其他作业。她了解父亲通常的反应：好的，但得等一会儿。

三个小时后，布朗迪已经做完了所有作业，尽力尝试做了数学作业，刷了牙，最后睡着了。斯科特敲门时发现没有回应，于是轻轻推开女儿卧室的房门，看到女儿已经安静地睡着了。他想，我很高兴她搞定了数学作业。他感到很欣慰，因为他知道布朗迪是一个独立的女孩，而自己是一个尽职的父亲，他履行了自己的承诺，也就是在打完工作电话后到她房间里去找她。

几天后的晚上，斯科特又做了一些带回家的工作，布朗迪则在自己的房间里埋头做作业。就在关闭笔记本电脑之前，他在浏览器里打开了一个新标签页，通过学校的父母门户网站查看布朗迪的成绩。他吃惊地发现最近的一次数学考试成绩是 C−。斯科特手里拿着笔记本电脑，走向布朗迪的房间，打开了门。"怎么回事？"他问道，把笔记本的屏幕转向她，"你不是个得 C− 的学生……在数学上肯定不是。"

布朗迪盯着英语书，没有抬头。"你什么时候开始关心这个了？"她讽刺地问道。

斯科特惊呆了，一时说不出话来。然后他说："我一直都关心。等等，你到底在说什么？你知道我有多关心你，而且不只是关心你的成绩！"他大喊道，"如果你在学校有困难，你得告诉我！我关心你的未来！"

布朗迪的声音弱了下来，她继续盯着自己的桌子。"当然了，爸爸。看你这么对我大吼，我就知道你有多在乎了。"

斯科特对女儿的批评感到震惊，因为他认为自己是个温暖的父亲。当布朗迪向他寻求数学方面的帮助时，他答应了。他清晰地记得过去曾多次帮助她完成家庭作业。事实上，他曾经放弃了一个周末的大部分时间，帮她为三年级科学课制作了一座壮观的火山——展示的是火山碎屑流。

对布朗迪来说，她经常觉得父亲是冷漠的。他的"当然，但首先我得……"通常是他不兑现承诺的前奏。大多数时候，他的行为表明工作比家人更重要。布朗迪开始怨恨父亲把她当成次要的，而且和大多数人一样，她不喜欢有人对自己大吼，尤其是被父母吼。在布朗迪看来，昨晚她父亲表现出了冷漠教养方式的三大特征：排斥、沉默和忽视。当他说"你不是个得 C- 的学生……在数学上肯定不是"时，他就是在排斥有关布朗迪能力的现实。事实上，这个分数准确反映她当时对自己的看法。他是沉默的，也就是说，他没有表达自己的失望、担心和悲伤。（他的确表达了震惊和愤怒，但这与表达真实的、底层的情绪截然不同。）斯科特也从未问过布朗迪的感受。他没有停下来体验自己的感受，表达自己的情绪，而是把对自己的愤怒转化成了对布朗迪的愤怒。当布朗迪说："当然了，爸爸。看你这么对我大吼，我就知道你有多在乎了。"斯科特就更生气了。最后，根据布朗迪的回忆，她父亲曾多次忽视她的求助。没错，斯科特过去确实帮助过女儿，他也的确说过那天晚上会帮助她，但当父亲承诺他做不到的事情，而且没有兑现承诺的时候，她就感觉被忽视了。

冷漠的教养（在孩子看来）是如何增添有害压力的呢？要回答这个问题，首先要考虑斯科特的言语和非言语行为所传达的信息：

- 我认为你应该得 A 或 B，而不是 C。
- 我会根据结果（在这个例子里是分数）来评判你，而不看你的努力。
- 如果你表现不佳或批评我，我就会生气，而不会感到好奇。
- 即使我已经答应帮助你，但大多数时候我都会让你自己想办法。

如果父母反复传达这些信息，如果冷漠的教养成为一种模式，那么"战胜他人"的适中压力就会转变成"不成功，便成仁"的巨大压力。准备数学考试将不仅仅与数学有关，而变得与布朗迪维护自我价值感（做一名有能力的学生）、避免父亲发怒、留住父亲的爱有关。研究发现，这样的结果是：自尊下降，焦虑增加，在未来考试中作弊的可能性增加。

更温暖的回应应该是："我很愿意今晚帮你。我还得打几个工作上的电话。我们现在先一起做个二三十分钟如何？然后，在我打电话的时候，你可以自己做几道数学题，也可以做一些其他作业。如果你在我打完电话之前做完了其他作业，就给我发短信。如果你需要的话，我会赶紧打完电话，我们就可以再做一些数学题。或者我们可以在你睡前再做一会儿。"

如你所见，温暖的教养并不需要你放弃其他的职责，或者成为孩子的仆人。（事实上，听到父母说如何为多项事务安排时间，也能让孩子受益。）温暖的教养确实需要接纳孩子本来的样子（比如一个孩子虽然很聪明，但在学业上需要额外的帮助）；通过适当的触摸、自我牺牲和交谈来表达对孩子无条件的爱（比如无论孩子的作业进度如何，都要花时间与孩子相处）；并且用关怀的态度照顾孩子的需求（比如，即使在繁忙的时候也要辅导孩子）。

与冷漠的教养相比，在童年和青春期接受温暖的教养，通常能预示着孩子未来有更好的心理健康和更稳定的关系。[8]在一定程度上，这是因为有一种叫情绪感染（emotional contagion）的现象，这种现象助长了许多亲子间的冲突。在举例子之前，我们想谈一谈感受（feeling）、情绪（emotion）和情感（affect）之间的区别。感受是人们对某种刺激产生的身体感觉；情绪是混合了想法与感受的主观体验；而情感则是可以观察到的情绪表达。

躺在床上的时候，如果你看到一只大蜘蛛从天花板上爬过，你可能产生一种毛骨悚然的感受，包括心跳加速、颈后刺痛以及胃里的空洞感。你可能会称这种情绪为恐惧。你的情感可能通过睁大双眼、声音颤抖、面部扭曲而表现出来。通过情绪感染，孩子能感受到父母的情感（对父母如何表达情绪产生身体反应）。无论有没有人把这种感受的名称说出来，孩子都会开始体验到相同或相似的感受。[9]

当你看到那只蜘蛛的时候，如果你年幼的孩子正躺在你身边，你可以想象，如果你平静地说："看……在天花板上。那只蜘蛛比我以往在家里看见的大。你觉得它是哪种蜘蛛？我应该拿个塑料杯把它罩住，放出去。"孩子的反应会远远不同于你紧张、颤抖地说："别动。天花板上有只大蜘蛛，可能有毒，随时都可能落到我们身上。我数到三，我们各自朝相反方向滚下床，我去给灭虫员打电话。"

想象一下，父母偶然间发现青春期的孩子正在给朋友发短信，而没有做家务。现在看看你能否意识到冷漠的教养方式和情绪感染是如何让以下互动恶化的。

> 母亲：（讽刺地说）哦，真棒，娜丁。趁你聊天的时候，不如在网上做个调查，看看今晚你有多少朋友记得给他们家倒垃圾？
>
> 娜丁：妈妈，别这样。我现在正忙着呢。（扬起眉毛，举起手机。）
>
> 母亲：这正是我想说的。两个小时前，你说要把厨余垃圾带出去，所以我把垃圾装起来放在门边。现在走廊里臭

　　得像——

　娜丁：（打断）妈妈！我在——

　母亲：（提高嗓门）——而且狗把垃圾袋掏了，现在走廊上到
　　　　处都是垃圾！

　娜丁：（讽刺地喊）还有人比你更没礼貌吗？

　母亲：（也喊起来）还有人比你更不负责吗？

　　在这个场景里，本来心情不错的母亲走在走廊上，发现四处
都是垃圾，闻到了垃圾的味道，于是产生了本能的反应。她感到
浑身发热、颤抖，肾上腺素和皮质醇（两种应激激素）的激增无益
放大了她的感受。她满脑子想的都是："该死的！娜丁保证过会儿
把垃圾拿出去！"这种想法与她的感受结合在一起，产生了愤怒的
情绪（主观体验）。当母亲发现娜丁正坐在屋里发短信时，她的情
感（表达出来的情绪）就以讽刺和喊叫的形式呈现出来了。这样一
来，母亲的语气和音量都让娜丁开始感到发热、颤抖。再加上厌
烦（对于被打扰）和内疚（对于没有做家务），娜丁发热和颤抖的感
受转变成了愤怒的情绪。娜丁对愤怒的主观体验可能与母亲不同，
但她的愤怒情态（叫喊和讽刺）与母亲很相似：是缺乏尊重的、有
害的。这就是情绪感染。[10]

　　回到教养方式的话题，你可能会问："在这种情况下，父母
难道不是完全有权利生气吗？"答案是：当然了！温暖教养与冷
漠教养的区别不在于我们感觉到的情绪，而在于我们呈现出的情
感——我们表达情绪的方式。我们的情绪表达决定了孩子的看
法——在这个例子里，即母亲的行为属于温暖教养还是冷漠教养
的看法。在上面的例子里，愤怒的母亲用讽刺的语气、侮辱性的
提问，以及对女儿朋友的贬低开始了她的互动。在孩子看来，她

的教养方式很可能是冷漠的，而不是温暖的。母亲的态度是排斥的，尽管她没有对自己的感受保持沉默。目前还不清楚母亲是否忽视了女儿对于关注的要求，但她确实忽视了女儿的社交需求。比较一下，当母亲生气的时候，温暖的教养听起来可能是像下面这样的。

> 母亲：（举起食指）娜丁？
>
> 娜丁：妈妈，别这样。我正忙着呢。（扬起眉毛，举起手机。）
>
> 母亲：（苦笑、坚定地说）谢了，我看出来了。我知道你想继续发短信，但我需要和你谈谈。请把你手机先调成静音。
>
> 娜丁：我在发短信。没有静音一说。（把手机翻过去）怎么啦？
>
> 母亲：我很生气。几个小时前，你说你要去倒垃圾，所以我把垃圾装起来了，你看见我把垃圾放在门边了。
>
> 娜丁：我说了我就会做到的，可是——
>
> 母亲：这就是问题所在。垃圾不能一直放在那儿，否则就会让整个屋子都发臭的。更糟糕的是，这次狗把垃圾袋撕开了，走廊上到处都是垃圾。你现在明白为什么要等会儿再去发短信了吧？
>
> 娜丁：哦，天哪。
>
> 母亲：（安静地等待。）
>
> 娜丁：好吧。给我5分钟把短信发完，然后我帮你清理垃圾。
>
> 母亲：我给你1分钟，然后你就得收拾这堆烂摊子。拜托了。我现在在做午饭，所以这件事由你负责。
>
> 娜丁：行吧。我自己清理。
>
> 母亲：好。下次，你应该——
>
> 娜丁：好的，好的……我知道了！你不用说了。
>
> 母亲：好。谢谢你。1分钟。

在这次对话中，母亲同样感到很愤怒，但她控制住了自己的情感。她表达情绪的方式避免了过多的情绪感染。她在接纳，只是简单地承认青春期的女儿在给朋友发短信，忘记了自己的责任，以及她与成年人对事情的轻重缓急有不同的看法。作为母亲，她不需要喜欢这样的情况，但她没有因为娜丁做了一个普通青少年想做的事而攻击娜丁——她只是想要和朋友社交。这位母亲通过提及自己对家庭的贡献（给垃圾装袋、做午饭）、表示善意（"拜托"）和共情（"我知道你想继续发短信"），表达了她无条件的爱。她没有对娜丁的俏皮话（"我在发短信。没有静音一说"）做同样的回应，这一点也做得很好。许多父母在这个时候会失去耐心，忍不住把谈话变成充满讽刺的争论。此外，尽管走廊里的情况相当紧急、恶心，但当母亲礼貌而坚定地打断娜丁，只给她 1 分钟（而不是 5 分钟）发完短信去打扫卫生的时候，她用关怀的态度照顾了孩子的需求。在更深刻的层面上，这位母亲照顾了娜丁一个明显的需求：成为一个更可靠、更负责、更乐于助人的人。在娜丁答应帮忙（"我会帮你清理垃圾"）前，母亲的沉默是一个强有力的提示，让娜丁考虑自己的选项，认识到自己的责任，并选择自己清理垃圾。这是权威型教养的一个经典例子——这种教养方式平衡了温情（主要表现为理解）和高标准（主要表现为一如既往地期待孩子超越自我）。

你可以尝试用不同的方式表达温情，看看怎样能产生最好的效果——无论是在孩子的顺从方面，还是在全家人的心理健康方面。虽然你可以控制自己的想法和行为，但你不能控制孩子，因此这个困难依然存在：父母的温情依然取决于孩子的看法。幸运的是，有一个解决办法，一种让关系升温的方法，能确保孩子感受到我们父母想要传达的温情。

第 9 章

向孩子表达你的温情

● 转变 4：从浮于表面到发自内心 ●

在表达温情的时候，许多父母都会落入两个陷阱。第一个陷阱是把温情等同于放任，让孩子想做什么就做什么。但是，降低标准、免除责任和后果并不是爱的表现。第二个陷阱是假定温情是一种理性行为，好像记住和重复一些常用的话语就能传达温情。事实上，父母的温情必须是真诚的，而不能是笼统的。你必须在内心中感觉到接纳、爱和关心，才能将其表达出来，让孩子感受到温情。你有时已经做到这一点了，也许没有意识到。在这一章里，我们为你的情绪工具箱增添了四种策略。结合使用时，这些策略能大大提高你温暖教育的自然能力。

我们知道，当你意识到，你的一些善意的教养方式可能会拖累孩子的进步，甚至让事情变得更糟，你可能会感到不舒服，甚至感觉受到了威胁。我们也知道，如果你已经读到这里，那你就有继续前行的勇气，所以请做好面对困难的准备吧。如果你想在心中感到温情，并且让孩子也能感到你的爱，那你就要通过内省来迈向转变 4。只有这样，我们才能用温情去教养。这里有一些具体的策略能帮你做到这一点。

倾听感受

作为父母，我们更倾向于倾听从孩子口中说出的话，而不是这些话背后的感受。想象一下，当你和孩子坐在一起吃晚饭时，她说："我朋友都他妈的不能相信，你竟然是高中的新校长。"取决于孩子的年纪是 7 岁、17 岁还是 27 岁，你的反应可能会有所不同。无论孩子年龄大小，大多数父母会立即对脏话做出反应。你可能用愤怒或不赞成的语气说："谁教你这么说话的？""不许在家里说这个词！""什么？！"等。

如果你总是抓住孩子的粗鲁行为不放，你就可能错过回应孩子话中情感（表达的情绪）的机会。那么，当父母成为校长时，孩子会有什么感受呢？骄傲？惊讶？担忧？尴尬？焦虑？有压力？几种情绪的组合？你可能不知道，但你肯定有一个猜测，而这个猜测就是你在试图倾听某人感受时的最好切入点。

采用情感取向思维模式

接下来，你可以采用心理学家所说的情感思维模式（affective

mindset)。在这种思维模式下，你会注意到孩子的语言和行为，但你的目标是了解孩子的感受。在情感思维模式下，你肯定会听到"我朋友都他妈的不能相信，你竟然是高中的新校长"这句话，但你的想法是这样的，哇，她通常不会说脏话，所以在她心里可能有一些强烈或不同寻常的情绪在涌动。虽然她说她朋友都不相信我升任校长，但我在想她是不是最震惊的那一个。或者，也许你会想，嗯……她在评论她的朋友，这提醒了我，同龄人之间的关系是多么重要。我突然成为领导角色，有了管理纪律的权力，她可能会感到很多焦虑和压力。如果因为剽窃或其他原因，我必须要求她的一个朋友退学该怎么办？

如你所见，关于某人表达的情绪或潜在的感受，可能有许多合理的推测。也许我们应把"采用情感思维模式"说成"做一个情感的侦探"。这就是你实际要做的事情：收集所有线索，弄清孩子内心深处的想法和感受是什么。至于脏话，你可能会想，我不赞成这种粗俗的语言，所以我可能会就此说些什么，也许会让她承担一些后果，但不是现在。现在她太激动了，不会听我对于脏话的意见。这些内心的思考，都是你新的情感思维模式的一部分，也是你成为情感侦探、倾听感受时要做的一部分。

扑灭情绪的火星

当孩子戳到你的痛处时，你能感觉到。不管你喜不喜欢，所有父母对关系都是敏感的，所有父母内心都有一些脆弱的地方，一旦触碰就会产生异常强烈的情绪反应。当孩子粗鲁无礼、恃宠而骄的时候，我们当中的一些人会生气。当孩子无视我们的时候，有些人会失去理智。当孩子忘记做我们让他们做的家务时，有些人会崩溃。每个父母都有不同痛处，但所有的痛处都有一个共同点：它们其实不是痛处，而是过去的心理创伤。[1]过去的创伤就像逐渐熄灭的营火里的余烬，一旦有人扔进一根新的柴火，就会燃起零散的火星。创伤会保持休眠，直到有人来打扰。有一位家长像下面这样描述他的孩子。

对我来说，最重要的就是诚实。只要我发现孩子对我撒谎，甚至只是为小事撒谎，我就会失去理智。有一天，我问他有没有刷牙。

他直视着我的眼睛说："刷了，爸爸。"而此时我 100% 肯定，我们前一天就把牙膏用完了。

所以当我问他"用什么刷的"时，他知道自己的谎言被揭穿了。在那一刻，我控制不住自己了，我愤怒地发表了一通长篇大论，说诚实有多重要，以及我多么讨厌他对我撒谎。

那天晚上晚些时候，我和妻子正在思考发生的事情，她问到了我的反应。我的意思是，我们都认为刷牙很重要，但真正的问题是诚实，而不是口腔卫生。我们也都同意这一点，但她说她对我的强烈反应感到很惊讶，我对此想了很多。

诚实对于每个父母都很重要，但我知道为什么这件事能让我如此恼火。我记得有天晚上，我父母发生了一次激烈的争吵。之后我问母亲，他们是不是要离婚了。她向我保证他们不会，但几年后，他们就离婚了。

作为一个成年人和一个父亲，我现在不确定，我母亲当时是不是在对我说她认为我想听的话，还是说她真的相信他们不会离婚，但她背弃承诺这件事，很长一段时间里都让我很难过，很难相信他人。我不相信每个人，不相信这个世界。

从那以后，我就不能忍受别人对我撒谎，尤其是在他们试图安抚我，或者不让真相伤害我的时候。我知道，这就是我儿子撒个刷牙的谎，都会让我失去理智的原因。

探索和理解过去的心理创伤可能不止需要一次谈话，或者一晚上的自省。有时还需要数月的心理治疗。幸运的是，要在事情当下保持冷静——扑灭火星，并不需要确切知道我们伤在哪里。作为父母，我们只需要及时意识到我们的情绪反应过度了，并在孩子下次惹我们生气时尽量不要发怒。如果你大发雷霆，你的脾气就会压倒你想传达的信息。但是，如果你能保持冷静，即使你在表达强烈的消极情绪，孩子也更有可能听到你想传达的信息。

回到营火的比喻上，想象一下用鞋子踩灭飞溅出来的余烬，防止它点燃火坑外面的东西。在刷牙的例子里，下次孩子对这位父亲撒谎时，如果他能感觉到血液开始沸腾，他就能对自己说这些话来扑灭情绪的火花，我认得这股愤怒的冲动。孩子戳到了我的痛处，所以我要先冷静一两秒再做出回应。这样我就不太可能反应过度了。我们必须强调，"冷静一两秒"这种平静的能力就像肌肉能力一样。当孩子下次戳你痛处的时候，你不可能简单地决定保持冷静。要熄灭情绪的火花，就需要付出时间和练习。

表达共情

共情是一种表达温情、平息怒火、分享喜悦或沮丧、与孩子建立联结（这是最重要的）的有力方式。共情也是在大多数父母的社会性情绪工具箱中最容易被误解、被忽视的工具，所以我们在这一节中举了很多例子。同情是感受到另一个人由困境而产生的悲伤或遗憾；而共情则是对另一个人感受到的、想到的积极或消极事物表达理解。

为了表达共情，许多慈爱的父母会不自觉地轻视孩子的问题、道歉、同情、转移注意，或尝试解决问题。下面就是一个这样的例子。

共情失败

父母：怎么啦，博娜？

博娜：没什么。

父母：没什么？

博娜：我刚发现罗宾要带别人去跳舞。

父母：别担心，宝贝，还会有其他舞会的。

（轻视问题）

或者

父母：天哪，发生这种事情我真的很遗憾。

（道歉或同情）

或者

父母：嗨，忘了罗宾吧。谁需要罗宾？我们去看电影吧。

（转移注意）

或者

父母：好吧，我们找别人带你去吧。

（解决问题）

在做出以上四种回应中的任意一种后，大多数父母都认为自己在共情方面做得不错，却没有意识到自己根本没有做到共情。

这里有一个几乎万无一失的做法，让你每次都能做到共情：在说出你想用来表达共情的话之前，检查一下你要说的话里有没有描述想法或感受的形容词。还有其他表达共情的方式，但首先要掌握这种以形容词为基础的方法。下面是基本的共情例子。

共情成功

父母：怎么啦，博娜？

博娜：没什么。

父母：没什么？

博娜：我刚发现罗宾要带别人去跳舞。

父母：嗯，你肯定感觉很失望。

（共情形容词＝失望）

或者

父母：哇，这可真是个坏消息。

（共情形容词＝坏）

或者

父母：想到你上周从他那里得到了那么多积极的表示，我猜你一定很困惑。

（共情形容词＝困惑）

或者

父母：你可能多少有些受伤。

（共情形容词＝受伤）

大多数父母立刻就发现了，这种"几乎万无一失"的方法有两个风险。

- **风险 1**：这些共情话语听起来像是流于表面的。用真诚的语气说出来，这些话听起来并不是太糟糕，但说一些陈词滥调的确会让孩子立即对你翻白眼。所以请遵循我们在第 3 章给你的建议：用你通常说话的方式说。也许"天哪，那感觉肯定糟透了"听起来会更好。如果你想让孩子听进去，就要用真实的语言。
- **风险 2**：你可能会猜错孩子的想法或感受。对于这个问题，解决方法就是顺其自然。如果"感觉糟透了""受伤"或其他描述并不准确，孩子通常会纠正你。（这想法很令人欣慰，对吧？更让人暖心的是，即使父母是对的，大多数孩子也乐于跟父母唱反调。真棒。）即使你猜错了，你也达到了表达关怀、建立情感联结的目的。

以下是"共情自动纠正"的例子。

共情自动纠正

父母：怎么啦，博娜？

博娜：没什么。

父母：没什么？

博娜：我刚发现罗宾要带别人去跳舞。

父母：哎呀！我猜你肯定很震惊。

（错误的共情形容词＝震惊）

博娜：倒也不是。这事以前发生过。我现在很生气。

（正确的共情形容词＝生气）

父母：我不知道这事儿以前发生过。现在我明白你为什么生气了。

当你表达真正的共情时，你就与孩子建立了强大的联结，而不必解决最初导致感受的问题。试图在情绪激烈的时候解决问题通常是徒劳的。然而，即使等强烈的感受自行平息下来，如果孩子认为你不理解他们的感受，孩子也不太可能与你合作解决任何问题。（或者，用孩子的话说："你就是不懂！"）共情是孩子心灵的入场券。除非他们感觉到理解，否则他们不会向你敞开心扉。

那么，为什么人们很少使用这种简单有效的方法？有三个原因：①我们延迟共情，认为先解决问题才是最好的办法；②我们忽视共情，认为共情等同于认同；③我们进行快速而粗略的共情，立即转换到解决问题的模式。

下面是最后一个陷阱——"因解决问题而忽视共情"的例子。

解决问题的陷阱

博娜：我刚发现罗宾要带别人去跳舞。

父母：你大概很震惊，但你必须振作起来，继续生活。你知道的，天涯何处无芳草。想想你还能跟谁去？查理怎么样？

博娜：（讽刺地说）哦，你真聪明。我谢谢你啊。我都不知道我还能跟其他人一起去舞会。抱歉……我只是……你说查理？别逗了。

"你大概很震惊"是共情，但这句话的效果有限，因为父母在同一句话里加了一些解决问题的提议。若要在两人之间建立联结，就需要一些时间让共情的话进入对方的心里。对于解决某个问题，你可能有一堆很棒的主意，但要建立联结（当人们感到难过时，这远比解决问题重要），你就要首先共情，然后等待。给孩子时间去思考、回应。然后，你会有时间去帮助孩子解决问题的（如果他们不能自己解决的话，多数时间他们都能），但只能在他们觉得自己被理解之后。在此之前，你可能会得到像上面例子那样不正经的回应。

对于那些将共情与认同等同起来的父母来说，他们一开始不选择共情的另一个原因，就是他们与孩子有分歧。如果你觉得孩子的痛苦是没道理的，那你为什么还要与他们共情呢？

下面是父母由于不同意事情的前因或不认可事情的现状而忽视共情的两个例子。

不同意的陷阱

博　娜：我刚发现罗宾要带别人去跳舞。

父　母：真的？为什么？发生什么事了？罗宾发现你其实更喜欢运动？

或者

博　娜：我刚发现罗宾要带别人去跳舞。

父　母：这样也好，博娜。罗宾是个傻瓜，而且那种舞会只是大家互相占便宜的借口。

实际上，共情和认同不是一回事。我理解你的感受或我理解你的想法，并不等同于我认同你的想法（感受），或者如果我是你，我也会有同样的感受和想法。无论你是否认同或认可孩子痛苦的原因，你的主要目标是建立联结、表达温情。对孩子的想法和感受表达不认同只会适得其反。大多数孩子会把"这样也好"的反应视为疏远和冷漠的行为。再加上"罗宾是个傻瓜"，只会让你显得更冷漠，因为你批评的不仅是罗宾，还有博娜。毕竟，如果博娜想和一个傻瓜约会的话，那博娜是什么呢？

可罗宾就是个傻瓜，这位父母可能会想，只要让博娜认识到这一点就好了。很好。就像其他慈爱的父母一样，这位父母想要给孩子传递自己的智慧。但是话说回来，共情必须放在第一位。如果你认为从不同角度（比如你的角度）看待事情能让孩子受益，那么先共情就更重要了。为什么？请把你和孩子之间的情感联结想象成吊桥（那种吊起来就会从中间分开的桥），而你的智慧就是卡车，里面装满了有用的建议。现在想象一下有一件事让孩子感到不开心。你自然想要帮助孩子解决导致苦恼的问题。然而，情绪事件吊起了两边的吊桥，这才是关键。情感联结从相连的、水平的桥面，变成不相连、几乎垂直的了。曾经相连的道路出现了一个巨大的缺口。你智慧的卡车可能载满了好主意，但如果你现在试图驾车过桥，只会撞上垂直的桥面，或者掉进水里。同样地，如果你试图在孩子难过时传达一些重要的东西，这则信息可能就会变成耳旁风。

强烈的情绪会妨碍思考，所以人们无法在非常苦恼的时候思考复杂的解决之道。一旦他们觉得被理解了——因为他们信任的人对他们说"我理解你现在的处境"之类的话，他们的头脑就会变得清晰，从而能够思考可能的解决方法。所以，你看，表达共情不只是温暖教养的标志，也是放下"吊桥"的方法。当你和孩子的情感联结重建以后，你就可以开着智慧的卡车过河，询问他们是否对车上的东西感兴趣。

安静倾听

随之而来的沉默为共情赋予了力量，所以应该拿一小节来讲安静倾听。正如我们在前几页所提倡的那样，我们要避免过早地提出解决办法或评判，来破坏美妙的共情话语。相反，我们要先表达共情，然后保持沉默。什么也不说。只要说出你认为孩子有什么感受，然后安静地倾听。让孩子把你的共情话语听进心里去。无论你的描述是否准确，都能传达一则强有力的信息：你关心他。然后，等待孩子回应，无论需要多长时间。孩子通常会对你的温情做出回应。即使他们听起来很恼火，他们的回应也认可了你的努力。你正在放下吊桥。

当父母记得安静倾听的时候，亲子间的对话听起来可能就会像下面这样。

接受共情

博　娜：我刚发现罗宾要带别人去跳舞。

父　母：是吗？我猜你肯定很难过。

（共情形容词＝难过）

博　娜：难过？哪有。为什么你对每件事都大惊小怪的？我好得很。

父　母：（沉默……让共情的话语"我猜你肯定很难过"进入孩

子心里，即使这句话并不准确……忍住不把脑海里反驳
的话说出来……等待孩子纠正"难过"的描述……抵制
解决问题的诱惑……继续等待。)

博娜：我又不是找不到别人跟我去。我只是……我不知道……
　　　讨厌不被尊重的感觉。

(正确的共情形容词＝讨厌"不被尊重")

父母：罗宾对待你的方式让你很生气。

(很好的共情。父母表达了理解，而且没有重复博娜的原话。)

博娜：终于说到点子上了。这就是我一直想说的。

父母：的确我花了一些时间才明白。

(这里保持平静，很棒。父母忽略了孩子恼火的语气，专注于
表达共情。)

博娜：(重重地谈一口气)那现在该怎么办?

　　在这个场景中，父母仅在三次不经意的对话中就取得了五次
巨大的成功。第一，他通过表达共情回应了博娜的强烈情感。第
二，他在共情后保持沉默，在受到批评时抵制住了发火的诱惑。
第三，他修改了自己的共情话语，做了一个总结，准确描述了博
娜的感受。第四，他承认了一开始弄错了孩子的情绪，但没有道
歉。第五，他第二次抵制住了诱惑，没有草率地说一些"智慧"的
话语，或提出迅速解决问题的方法。

　　在这次短暂的互动中，博娜的父母通过表达共情，专注于建
立情感联结。不出所料，父母的温情让博娜感到宽慰，她逐渐平
静下来，最终向父母求助("那现在该怎么办")。

　　不是所有孩子都会求助，但他们都讨厌我们在没有倾听和理

解的情况下把帮助强加给他们。事实上,即使你表达了共情,问这个问题也是好的:"你要我帮你想想解决办法吗?"在提供帮助前请求允许,能让孩子在可能失控的情况下,得到一些安慰性的掌控感。他们可能无法控制那些让他们心烦的事情,但现在他们可以控制如何应对,以及接下来该怎么做。

倾听感受、采用情感思维模式、扑灭情绪的火星、表达共情、安静倾听是增加父母温情的五种有效方法。每一种方法都需要练习,每种方法都能单独或结合使用,而且每种方法都是相辅相成的。在一种技巧上做得更好,能提高你在其他四种技巧上的能力。此外,还有其他方法能向孩子表达温情("升温"),许多方法因文化而异。在本章结束时看看这些不同的方法,能让人受到鼓舞。

世界各地的父母如何表达温情

珍妮弗·兰斯福德(Jennifer Lansford)是一位发展心理学家。她带领着一个国际研究团队,对世界各地的父母向孩子表达爱的方式进行了为期十年的研究。[2] 以瑞典为例,父母表达爱的方式是,用几乎平等的方式对待孩子,鼓励孩子表达自我,在做家庭决定时尊重孩子的意见。根据兰斯福德等人的研究,随着传统性别角色的模糊,中国父亲对孩子的抚育和关爱越来越多。在哥伦比亚和美国的许多拉丁裔家庭中,父母表达爱的方式是将家庭需求置于个人需求之上,坚持维护家庭的权威。兰斯福德和她的团队表示,意大利父母会通过高度参与的教养和情绪表达来表示爱。相反,泰国父母重视尊重和不侵犯。在美国,由于有着拓荒者的传统,许多父母都会通过为孩子的个人兴趣提供帮助、给予他们自主决定的自由来表达爱。兰斯福德等人的研究揭示了一些关于教养的、有趣的跨文化差异。在美国和其他国家，研究者也在同文化内部发现了显著的差异性。

无论采取何种形式，父母要表达温情，都需要在一定程度上理解文化背景，以及父母和孩子在此刻的想法和感受。做到这种理解所需要的内省和人际互动，可能会让你感到不舒服，甚至害怕。尽管如此，我们还是鼓励你重复第 8 章和第 9 章的案例，深入了解父母的温情能够如何以各种方式消除有害压力。

我们非常尊重不同文化间教养方式和情绪表达上的差异，我们相信父母都能找到符合其文化的方式，与孩子建立起温暖的关系。为了促进这样的成长，下一章会说明如何运用三种沟通方式（表扬、批评、提问）清晰地传达，甚至强调你的信息，而不增加有害的压力。

第 10 章

赢得尊重，避免叛逆

● 转变 5：从直接解决问题到先共情再解决问题 ●

数十年来，我（克里斯）一直很喜欢举办"破解孩子的密码"工作坊，这是我最喜欢的父母沟通研讨会。我们会观看某些著名影片中的亲子对话片段，比如《沙地传奇》(*The Sandlot*)、《男孩的生活》(*This Boy's Life*) 和《普通人》(*Ordinary People*)。每看完一段视频，我都会问三组问题，每一组都比前一组难：①你听到某个角色说了什么？你记得对话里说了什么？②你觉得这个角色真正想表达的意思是什么？换言之，他们这句话的潜台词或"暗语"是什么？③对于这种潜台词和隐含的意思，你可以如何用共情做出回应？也就是说，你能说些什么，来帮助这个场景中的角色感到被理解？

无论年龄、教育程度、收入、民族等方面有何差异，大多数父母都能很好地回答第一组问题，第二组答得也不错，但第三组问题答得很糟糕。

以下这个令人难忘的例子出自电影《真爱同心》(*Stepmom*)。在一个场景里，孩子的生母杰姬（苏珊·萨兰顿（Susan Sarandon）饰）和两个孩子骑马穿过阳光明媚的草地。就在前一天，孩子和继母伊莎贝尔（朱莉娅·罗伯茨（Julia Roberts）饰）在中央公园度过了一个下午。小儿子的名字叫本，他谈起了自己在公园迷路的经历。本感觉很内疚、很自责，在一定程度上是因为他母亲将这件事归咎于继母伊莎贝尔。尽管一名警察最后找到了本，但他母亲依然在警察局当着孩子和警察的面，对继母和父亲大发雷霆。此时，为了转移责任、安抚母亲，本说："妈妈？我跑丢了不是伊莎贝尔的错。"他母亲表示同意，说道："对，那是你的错。"然后她又开始指责伊莎贝尔，说道："但她没照看好我的宝贝儿子，这就是她的错。这本该是她的重中之重。也就是说，这是她最重要的任务。"本又尝试为伊莎贝尔开脱了几次，列举了她的一些优点。杰姬每次都会用讽刺来回应。最后，本说："我觉得她很漂亮。"母亲对此嗤之以鼻："当然啦……如果你喜欢大板牙的话。"本想了一会儿，然后问："妈妈？"母亲回应道："怎么啦，亲爱的？"本平静地说："如果你想让我讨厌她，我就讨厌她。"杰姬说不出话来，拉紧了缰绳。

尽管本在最后的坦诚有些刺耳，但在这一幕之前的讽刺却让人发笑，所以很容易让我们想起并热烈讨论起孩子和父母是如何用暗语交流的。大多数父母都明白"我觉得她很漂亮"的潜台词可能是："别怪伊莎贝尔，怪我""我不想让你讨厌伊莎贝尔""伊莎贝尔有一些好的地方"或者"我真的很喜欢伊莎贝尔，但你很讨厌她，这让我很难受"。

母亲尖刻回答的潜台词可能是"我讨厌伊莎贝尔""我嫉妒伊莎贝尔的美貌""只有傻瓜才会觉得伊莎贝尔漂亮，不要上当"或者"我怨恨我的前夫为了一个更年轻、更有魅力的伴侣而甩了我"。当然，精心编写的对话里总是有多种可能潜台词，就像日常生活中的对话一样。在我举办的工作坊上，家长通常能提出有见地的建议，很喜欢练习从"人们说的话"解读出"他们实际的意思"。根据我的经验，大多数父母都很擅长破解孩子的暗语，但共情是他们的难处。

为了回答第三个，也是最具挑战性的问题，我通常会让观众想象自己奇迹般地进入了电影。"想象自己是慈爱的姨妈或舅舅，正在和这位母亲及她的两个孩子一同骑马。"我说，"你旁观了这段对话，其中大部分都是用暗语说的。你一直在解码。你能感受到其中的冲突和紧张。这种冲突和紧张与迷路或者继母漂亮与否无关。相反，这与离婚的痛苦，以及不得不与前夫的新婚妻子共同抚养孩子的痛苦有关。"然后我问："既然你已经解读完了这段对话，你能说些什么，来给母亲和孩子带去真正的共情？你能说些什么让他们俩感到真正被理解？"听众的建议通常包括：

- "哦，你们俩别这样。我们好好享受骑马的乐趣吧。"（轻描淡写 + 转移注意。）
- "很遗憾你们俩还在纠结这件事。"（道歉 / 同情 + 批评。）
- "这其实不是牙齿大小的问题，对吧？（分析 + 对质。）
- "我们明天请伊莎贝尔来吃午饭怎么样，这样大家就能更好地了解彼此了。"（问题解决。）

读完了前面两章，你已经知道这些不是共情了。这些话都是出于好意，但没有一句能让这位母亲和孩子感觉被理解。有些话还可能让他们觉得隔阂更深了。当然，这些话的初衷表达关爱和关心，进而建立联结。这些话没能做到真正的共情，放下沟通的吊桥。要掌握转变5，我们就要弄清如何放下沟通的吊桥。

为什么要先沟通共情再解决问题

每当我讲到这里，总有几位父母会举起手问："为什么要共情？为什么每次互动都要变成一场有关想法和感受的肉麻讨论？为什么要回避问题的重点？为什么不能直接解决问题，然后翻篇呢？"对于这个问题的简要回答，与你在第9章记得的内容完全一样：这是因为人们在心烦时解决问题的能力很差；强烈的情绪会妨碍思考，即便是积极情绪也是如此；共情能消除这个障碍。然而，即使理解了共情的力量，有些父母还是不愿意共情，因为他们害怕说错话。还有些父母感到犹豫，因为表达共情会暴露内心的想法和感受，而这样会让他们感到很脆弱。我有什么方法打消这些犹豫？将脑科学和康复计划结合起来。这种综合方法能让大多数父母鼓起勇气，真正尝试共情。以下是我会说的。

"如果你先解决问题，再考虑共情（如果顾得上的话），那你就应该为孩子的抵触做好准备。大多数父母都曾徒劳地与烦恼的孩子或青少年讲道理。这几乎是不可能的，因为我们的大脑情绪中心（边缘系统）正处于过度活跃状态，会让我们的推理中心（前额叶皮层）暂时停止工作了。愤怒、恐惧、突然的悲伤，以及其他消极情绪的爆发会真正切断这两个大脑部分之间的神经连接。所以，由于我们各个脑区的连接方式，做事的顺序很重要——先共情，再解决问题。"不知为何，一个神经生物学上的事实比一个50多岁的心理学家更有说服力。没毛病。

接下来，我会说："对于那些担心说错共情形容词，担心自己的共情不能准确描述孩子烦心的想法或感受的人，我有些好消息。你的孩子依然会知道你关心他，因为你在尝试去理解他。他依然会在一定程度上感谢你。更好的是，孩子可能会纠正你，这样你就不必再猜了。"

对于一个十几岁的孩子来说，他可能会像下面这样纠正你。

梅雷迪斯：你从来不读你的邮件吗?!他们不让我们参加演出，是因为斯宾塞先生觉得我们的歌词不合适！

父母：哦，不。你们已经一起练习好几周了！你肯定很失望。

梅雷迪斯：不，我才不失望呢。这太他妈的扯了！该死的，我应该预料到会这样！

暂且忽略那句脏话，试着转述梅雷迪斯的话。你可以说这样的话："好吧，我明白了。你特别生气，因为你觉得这事完全在意料之中。"接下来是几乎不会出错的部分。如果"生气"不足以体现"太他妈的扯"，孩子会告诉你的，但你会因为努力而继续"得分"（或得半分）。然而，如果你的共情话语差不多准确，梅雷迪斯就会表示认可，例如："没错！就是这样！"或者"你总算明白了！"他也可能会露出一个嘟起嘴的假笑，这就是青少年在表示"废话"。

回到《真爱同心》的例子里，在本哀伤地对母亲说"如果你想让我讨厌她，我就讨厌她"之后，该如何对本和母亲共情呢？这得看情况，因为每个人的风格不同。下面这些可能的回应中，哪些对你来说最自然？

- "你们都不确定自己对伊莎贝尔的感觉。"（感受形容词 = 不确定）
- "看到家庭变成这个样子，你们都很难过。"（感受形容词 = 难过）
- "不知道未来会是什么样子，实在是让人很困惑。"（想法形容词 = 困惑）
- "你们俩都想知道，不喜欢伊莎贝尔是否比喜欢她更容易。"（想法形容词 = 想知道）
- "本，听起来你对妈妈很忠诚……也许这是因为你能看出妈妈在生伊莎贝尔的气。"（想法和感受形容词 = 忠诚和生气）

艺术源于生活，但在现实世界，父母在担忧的时候很少会去乡间骑纯种马。对我们来说，更常见的场景是在餐桌和车里，而父母的担忧通常是"孩子不听话""孩子什么都不告诉我""我觉得我们都不信任彼此"以及"好像无论我说什么，孩子都会跟我对着干"。所以，你该如何赢得尊重，避免叛逆？

孩子渴望与父母的联结

如果你想更多地了解孩子在想什么，有什么感受，你就必须让他们多谈想法和感受，而不要让有关期望和结果的谈话主导你们的互动。你不需要一直谈论想法和感受（谢天谢地，因为那样会让你们筋疲力尽，更不用说会让家人和朋友感到厌烦），你也不需要对成年人的信息做深度的自我表露（谢天谢地，因为这样会很尴尬）。然而，你需要比平时更多地谈论"头脑和心灵"。

请记住，关系是一个互动的过程，双方都要付出。尽量不要把孩子不愿意互动说成"我的孩子有这个问题"，或者更笼统地说成"这就是青春期孩子的问题"。如果你想和孩子更多、更好地沟通，就要首先问问自己：我沟通的目的是什么？比如说，所有父母都会批评和指导孩子。这两种沟通方式都是有用的——有时有用。压力型父母的不同之处在于，他们大多数时候都在批评和指导，沟通更多是为了评判，而不是建立联结。不出意料的是，如果孩子和青少年感觉到否定多于爱，或者他们总是达不到父母的期望，他们就会疏远父母。需要重申一下：孩子渴望联结。大多数时候，他们更愿意得到倾听，而不是想做什么就做什么。

有益的亲子沟通方法

改善亲子沟通的一个简单方法，就是专注于几种类型的信息，比如表扬、批评和提问。然后，为了听起来真实可信，我们可以比较一下，用肤浅的方式（涉及随意的评论或简单的事实）和深刻的方式（涉及想法和感受）表达这些信息有什么不同。最后，为了清晰起见，我们可以选择一个单独的场景，即父母和孩子互动的场景，比如足球赛。表 10-1 列举了两种例子（有害的、有益的），说明了四种不同深度（随意、事实、认知、情绪）的三类表达方式

（表扬、批评和提问）。

我们可以用几种方式学习表10-1，最简单的方法就是读标有"表扬""批评"或"提问"的行。沿着"随意"到"情绪"的方向，阅读每个单元格中的简短例子，你就能开始理解我们所说的沟通深度。对于"认知"和"情绪"类型的沟通方式，说话者需要思考的东西比"随意"或"事实"类更多。例如，请比较一下"你还要更多地练习，还会有其他的比赛"（随意）和"输得这么惨，我对自己很生气"（情绪）。随意或事实沟通并没有错，父母和孩子经常用这些方式，但这种沟通方式缺乏增进关系、让孩子敞开心扉的力量。相比之下，认知和情绪沟通甚至可以让最自我封闭的孩子敞开心扉，因为这样说话能向孩子表明，你关注他们的内在体验。

另一种学习表10-1的方式，是在同一沟通深度的列内选择任意两个单元格，然后比较两者。例如，"嘿，胜利者你好"和"踢得好"都是随意的沟通，但前者强调结果，后者强调努力。你也可以听一听"你觉得比赛为什么会打成平手，伙计"和"还有哪种思维模式可能是有益的"之间的区别。两者都在谈孩子可能会想什么，但有害的沟通再次强调了过去不如人意的结果，而健康的沟通强调了未来能够付出的努力。大多数孩子会认为第一个提问是讽刺，甚至是嘲笑，但是他们会觉得第二个提问是在表达关注，甚至支持。年轻运动员在输掉他们认为本应该赢的比赛后，无论你是按照有害压力还是健康压力的方式提出问题，都无法立即消除他们的失望。采用表10-1中的健康沟通，不是为了立即缓解情绪，而是为了建立持久的联结。每次你做出有意选择，进行深入沟通（谈到想法和感受），并且选择施加健康压力而非有害压力的时候，你都是在为你与孩子的关系"投资"。这种投资能带来三种回报：

- **更好的问题解决能力**。孩子会变得更冷静、更有创造力、更专注。因此，他们更能与你合作，解决问题。
- **更好的分享**。孩子更愿意敞开心扉，透露一些有关他们行为、想法和感受的细节。因此，你会知道得更多，担忧得更少。
- **更好的情感联结**。不断为关系"投资"，你和孩子的关系会变得更加稳固。因此，你们俩会更充分地享受美好时光，更快地从冲突中恢复过来。

在学习完表 10-1 之后，你就能敏锐地觉察到健康与有害言语压力的区别。你也会理解我们在本章中介绍的新概念——沟通深度。我们建议有意地使用沟通深度更深的表扬、批评和提问，施加健康的压力，加速孩子的发展。在下一章中，我们将解释如何最大限度地利用表扬的力量，以及如何利用批评和提问来强化孩子的动力，促进良好的表现。

表 10-1　有害和健康的表扬、批评与提问

压力类型

有害的：
父母强调结果，孩子必须、应该有何体验。孩子有何体验通常会感到这些话是绝对的、"不成功"、便会感到这些话是绝仁"、专制型的话语。

倾向于宣称他们试图体验何体验。孩子有何体验通常是绝对的、"不成功"、成仁"、专制型的话语。

健康的：
父母强调努力，对体验的表达，共情的表达。孩子通常倾向于分享他们自己的体验，对孩子的体验做出猜测或共情的表达。孩子通常会感到这些话是理解、关注、权威型的话语。

黑体的话语比其他话语出现的频率更高。

沟通深度　参与度和反思更少 ←　　　→ 沟通深度　参与度和反思更多

沟通类型	随意的、非正式的（简短的）		事实（专注于信息）		认知（专注于想法）		情绪（专注于感受）	
	有害的	健康的	有害的	健康的	有害的	健康的	有害的	健康的
表扬 例子：孩子踢得很好，球队赢了比赛	嘿，胜利者你好	踢得好	你离联赛冠军又近了一步	我看到你带球突破他们的门守了	我就知道你们今天会大获全胜	你的专注让你忽略了观众的起哄	我敢说你在肯定想拿冠军	我敢说你一定为自己的表现感到骄傲
批评 例子：孩子踢得不好，球队输了比赛	你本可以轻松获胜，但你放弃了	你还要更多地练习，还会有其他的比赛的	你的射门差一点就进了	那球的旋转，弧线再大一点，再多一点，可能就进了	你很清楚赢得比赛需要付出什么	你在丢球后就不专注了	输得这么惨，我对自己很生气	错失破门良机，每个人都会感觉不好
提问 例子：孩子踢得以平局告终，比赛以平局告终	平局？你是认真的吗	东西都带齐了吗	下次怎样才能赢球	还有更好的解围办法吗	你觉得比赛为什么会打成平手，估计	还有哪种思维模式可能是有益的	难道你看不出球队现在有多沮丧吗	你现在的感觉是沮丧还是惊讶

第 11 章

有效表扬、批评和提问

● 转变 6：从无效沟通到有效沟通 ●

作为父母，我们知道我们不会永远陪在孩子身边，所以我们需要孩子成长为思想深刻、独立自主的成年人，能够把自己最好的一面呈现给别人，并且在逆境中重整旗鼓。如果我们能巧妙地施加健康的压力，促进孩子的发展，我们就能帮助他们做好准备，不断地取得成功，即使在我们不在身边的时候也是如此。

尽管社会性情绪方面的学习（跨文化的敏感性、社会公平正义、创造性和同情心）很有价值，但许多人仍然嘲笑这种东西是"肉麻"或"软技能"。实际上，社会性情绪技能是大多数人都最难以掌握的能力。因此，在接下来的内容里，我们会为你提供一些专业建议，帮助你改善表扬、批评孩子和向孩子提问的方式。

我们在前一章已经讨论过，言语沟通可能是肤浅的（随意的、有关事实的话语），也可能是深刻的（与孩子的想法或感受有关）。除此之外，任何深度的言语沟通都能施加健康或有害的压力，正如表 10-1 中的例子所示。就像本书中的所有其他建议一样，我们在本章提供的策略不是死板的育儿行动指南。相反，这些建议是一系列合理的工具，我们鼓励父母灵活地加以运用，使之符合自己的风格、环境以及对于成功的定义。

如何有效表扬孩子

"有效表扬"这个短语听起来有些多余。所有表扬都让人感觉良好，都能让理想的行为增加，对吗？错了。有些表扬没有效果，几乎不能塑造未来的行为。无效的表扬通常是笼统的、侧重结果的。经典的例子就是"干得好"或者"真棒"。你可能真的相信孩子表现很好，所以这种表述就是真实的。但是这种话很无力，因为它们无法表达你的孩子究竟做了什么，或者他们是如何取得卓越成绩的。例如，一出戏剧里有很多不同的台词、线索提示和场景变化——其中有些可能没有按计划进行，那么对孩子说"今晚的剧演得真棒"就至少会让他觉得不太准确，在最坏的情况下会让他觉得完全不对。无论是哪种情况，这都是相对肤浅的言语交流。

同样无效的话是："英语得 A 真棒"或者"我喜欢你的数学成绩"。把表扬集中在出色的成绩上可能会让孩子露出短暂的微笑，但这种表扬不能增进你们的关系，也不能塑造他们未来的行为，因为这种表扬忽视了孩子获得高分所用的方式和付出的努力。这就是压力型父母的另一个讽刺之处。你表扬积极结果，可能是想未来更多地得到这样的结果，但事与愿违。

积极结果的核心是优异的表现，这样表现的确会让孩子感觉良好，这是毋庸置疑的，他们因此得到的任何认可也是如此。请记住，成绩、奖杯、奖状丝带和头衔都只是优异表现的代替物。就像纸币一样，奖项代表某种有价值的东西，但它们没有内在价值。真正有价值的、让人感觉好的是在考试、比赛、独奏演出等场合中表现良好，尤其是在努力准备之后，特别是在这种表现给他人带来快乐，或者以某种方式帮助了他人的情况下。[1] 因此，表扬积极结果不如表扬努力的另一个原因是，孩子已经体会到了努力与结果之间的联系，享受了成功的结果所带来的内在满足。

相比之下，有效的表扬包含 6 个方面（全部或部分）：即时、自发、真诚、具体、努力、单论一事。

- **即时**：你在看到或得知良好行为之后即时给予表扬，而不是在很久之后，就好像事后才想起来一样。
- **自发**：你自发地给予表扬，不需要有人提醒你去表扬，也不需要孩子问"你觉得怎么样"。如果行动者不得不寻求表扬，那表扬就缺乏效果。
- **真诚**：你由衷地感到孩子做了值得表扬的努力，或完成了某些在他们看来值得赞扬的事情。你的真诚会体现在你的语气、用词或肢体语言中。没有这种感觉？那就不要说。
- **具体**：你在表扬中列举细节，能表明你在密切关注孩子。你的关注能让孩子感觉很好，而具体细节，尤其是关于他们做事方式的细节，能帮助孩子重复值得称赞的行为。

- **努力**：你的表扬应集中在孩子的努力上，而不是结果上。这样能将注意力从结果上转移开，能够增强坚毅品质，减少有害压力。
- **单论一事**：你的表扬不应该放在"但是"前面，比如"丰富的形容词让你的文章更加生动，但主角的动机尚不明确"。表扬和批评都可能是准确的。问题是，"但是"后面的话会否定前面的表扬。"你比赛打得很精彩，但最后一局却很手忙脚乱"或者"你认真按照食谱做了，但每块饼干的底部都糊了"就是这种双重表述的例子，其中的两部分可能都是对的。不幸的是，后半句中批评的"但是"抹去了前半句中的表扬。你以后有的是时间来讨论错误和改进空间，但如果你想让此时的表扬有意义，就请单论一事，让表扬深入孩子心中。想象一下，如果你简单地说"你比赛打得很精彩"或者"你认真按照食谱做了"会让孩子感觉有多好。孩子通常会在听到有效表扬后加上他们自己的批评，比如"是的，不过我在最后一局打得手忙脚乱"或者"是啊，不过每块饼干底部都糊了"。此时，你可以顺着孩子的话，讨论错误和改进空间。如果由孩子先对自己的表现提出批评，那接下来的讨论通常会富有成效，而且不会有损于你给予的表扬。

即时、自发和真诚，能让表扬拥有正确的时机、出发点和语气。如果表扬中包含细节，强调努力，并且单论一事（不附带"但是"），孩子就能听进心里去。为了掌握转变6，你要尽量掌握这6个方面，并尽力不要做与之相反的事。表11-1给出了正反两面的例子。

表 11-1　有效表扬的 6 个方面

有效要素	缺乏有效要素的例子	具备有效要素的例子	起作用的原因
即时：在看到得知良好行为之后即时予以表扬	你小时候是个很棒的体操运动员……既强壮又灵活。你天生擅长做这个	今天上午你的自由体操太棒了……那么强壮，那么灵活。练习有了回报，感觉一定很好	在大多数情况下，表扬越及时，对积极行为的强化作用就越强
自发：无须他人提示或建议而给予的表扬	父母1：你觉得怎么样 父母2：什么 父母1：山姆的表演啊，傻瓜 父母2：哦，你很棒，山姆	父母1：哇！山姆，表演真精彩 父母2：说得很对。每个节都很棒 山姆：伙计们，放松点儿。表演并不完美 父母2：观众喜欢	主动的表扬让人感觉真实，因为是自愿的，不是强制性的。这是你有感而发，而不是你应该说的话
真诚：用发自内心的语气、形式和内容去表扬，而不用笼统的陈词滥调或夸张的语言证明观察者的关注	你是世界上最棒的12岁舞者，我发誓。我觉得你天生就是跳舞的料！太棒了	你和其他舞者的动作既准确又优雅。给我留下了深刻的印象！这显然需要很多练习	比起笼统的俏皮话和溢美之词，人们更重视发自内心的、诚实的表演
具体：表扬要提及细节，并证明观察者的关注	讲得很好！但我以为我会很聊，但我对你们讨论的东西真的很感兴趣。我不得不说一句：讲得好	我认为你对学校和夏令营的关注比较有力地支持了你关于体验式学习的论点	该级细节不仅表示了你的关注，也为你骄傲之情提供了明确的焦点
努力：侧重于过程、方式和努力的表扬，而不侧重于结果	你赢得了"同龄人最佳表演奖"，我真为你感到骄傲。我已经在网上发了这个消息	今年的比赛你比去年更努力，你完全有理由对自己的成就感到无比自豪	强调努力而不是结果，有助于培养成长型思维模式。此外，说"你"不说"我"，增加了孩子的主体感
单论一事：表扬之后不要立即加以警告或批评	你的理工科成绩都是 A，但英语得了 A- 和法语是 B。我想不出来是哪里出了问题	恭喜你理工科考试都得了 A。我猜为期末考试复习了很久。这需要很强的自律	如果批评和表扬在同一句子中出现，表扬就更像是在"打预防针"，而不是真正的褒美

帮助孩子培养成长型思维模式

需要指出的是，缺乏有效成分的偶尔表扬是无害的。然而，不断地说陈词滥调（真诚表扬的反面）和泛泛之词（具体表扬的反面）可能促成心理学家卡罗尔·德韦克（Carol Dweck）所说的"固定型思维模式"（fixed mindset），即相信一个人的能力和缺点是不可改变的特质。德韦克的研究表明，思维模式固定的年轻人相信，一个人只有靠能力才能取得成功，而不需要持续的努力。因此，他们认为自己的智力、运动能力、艺术能力和其他能力是固定的，而不是可以通过努力发展、提高来改变的东西。

如果一个年轻人说"我不擅长数学""我是个演员，不是歌手"或"我不擅长记名字"，那他的思维模式很明显是固定型的。同样，如果父母评论说"你天生适合学语言""你当然能得 A 了，物理是你的专长"或者"这所学校不适合像你这种智力的人"，就会助长孩子用固定的眼光看待自己的能力。

相比之下，具有成长型思维模式（growth mindset）的年轻人相信他们的学习能力和智力可以随着经验和努力而增长。鼓励健康冒险行为的父母，以及表扬努力而非结果的父母，能帮助孩子培养成长型思维模式。不出意料，有成长型思维模式的年轻人会比固定型思维模式的同龄人投入更多的时间和努力，最终取得更高的成就，[2] 更不用说他们的作弊行为和有害压力都更少。然而，教会年轻人采取成长型思维模式，有时对他们的学业成绩影响很小，这表明还有其他因素在起作用。[3] 例如，如果一个学生的同伴不重视寻求挑战的行为，那么成长型思维模式的干预就难以起效。[4] 因此，在学习表 11-1 的时候，请注意那 6 个有效要素是如何促进成长型思维模式的，并思考还有哪些原因让有效表扬如此重要。

无论是单独还是结合使用，有效表扬的 6 个方面都能帮助年轻人理解自己的成就，从中学到经验。用这些要素来表扬孩子，能激励他们的内心，因为他们会把积极结果归因于他们健康的冒险行为、计划和努力，而不是偶然的运气、固定的能力属性或者外在奖励。

如何正确地奖励孩子

诸如成绩、金钱、玩具、奖杯或社交媒体上的点赞等外在奖励的确能够激励年轻人，但当奖励消失时，往往会适得其反。所谓适得其反，我们并不是指积极行为（得到奖励的原因）回到原来的水平，而是彻底地消失。从 20 世纪 70 年代起，斯坦福大学的马克·莱珀（Mark Lepper）及其同事的研究项目就反复地证明了这一点。

在一项经典的研究中，研究者将学龄前儿童随机分为两组——一组因给图片上色而获得外在奖励，而另一组只是得到了涂色的许可。后来，当奖励被取消时，两组孩子都得到了各种活动用品，包括涂色本。因涂色而得到奖励的那组孩子很少去涂色。对此结果的一种解释是，外在奖励组的孩子会这样想：如果大人仅仅因为涂色就给我奖励，那涂色可能根本就不是一件有趣的事情。如果奖励没有了，我宁愿做别的事情。当然，学龄前儿童不会这么对自己说话。然而，根据莱珀的研究，这就是孩子的逻辑。如果外在的物质奖励消失，从事这项活动的动力也会随之消失。

那些没有因为涂色而得到金钱、证书或奖品的孩子，则有着截然不同的体验。这些孩子在活动中体验到了内在的、创造性的快乐。第二天，如果要在几种活动中选择，他们通常会选择涂色。[5] 科学结论很清楚：报酬会扼杀激情。给我们所有人的经验教训是：如果你希望孩子有一天能自己做出某种积极行为，就不要经常对这种行为给予物质奖励。外在的物质奖励可以用来促使孩子做出新行为，比如如厕训练，但必须很快用外在的非物质奖励来替代，比如口头表扬。归根结底，行为必须要有内在意义才能持续下去。在这个例子里，能自己上厕所的骄傲或满足才能让这种行为持续下去。有些父母经常用钱来奖励孩子取得好成绩，因为孩子参加夏令营而给他们买新自行车，或者因为孩子修剪草坪而允许他们玩电子游戏。与那些不给予物质奖励的父母相比，这些父母的孩子会缺乏求知的好奇心、参加社交的勇气和家庭责任感。不断提供外在奖励也会影响亲子关系。亲子关系在很大程度上会变成交易关系，而不是真实的联结。

可是，等等！难道父母不该给孩子一些好东西来纪念他们取得的成就或重要事件，比如生日、演奏会或高中毕业典礼吗？当然可以。这些是里程碑式的事件，不是日常活动，如做作业、乐器练习和家务劳动，所以这些实物是礼物，不是贿赂或奖励。

然而，即使你要为这些里程碑事件送礼物，我们也建议你考虑一下送礼物的时机和理由。孩子在演奏会前一天收到一束漂亮的花，上面还有父母的纸条，写着："祝你明天演奏会一切顺利！你已经练习这些曲目好几个月了，我们很期待听到你的演奏！"他会明白这种礼物是在表达爱、鼓励以及对他毅力的欣赏。纸条着重谈到了努力与支持，而送礼的时机让礼物无关于结果。无论孩子在演奏会当天表现如何，他都收到了里程碑事件的礼物，以表彰他的努力。相比之下，在演奏会后收到花束的孩子，更有可能觉得父母在奖励结果，似乎达成这个目标所需的坚毅都不值得赞赏，似乎只有最后精彩的表扬才值得奖励。

不要执着于过去给孩子送的礼物。当然，孩子能感受到你的爱和欣赏。只要考虑一下，在未来，你要用实物来纪念或奖励哪些行为。你会奖励努力还是结果？你的时机和理由可以将象征性的奖励行为变成一种有力的方式，帮助孩子巩固他们性格之中最好的部分。

如何有效批评孩子

就像有效表扬一样，有效的批评和提问需要你觉察自己作为父母的意图。你是想通过批评和提问来斥责孩子，还是想让孩子受益？如果你的目标是帮助他们看到自己可以改进的地方，从而使他们受益，那你就必须注意你在批评或询问什么。你针对的是人、过程还是结果？

有一个青少年和朋友出去玩后，晚回家了一小时，比较一下两种父母对于他的批评。

- 第一种："到底怎么回事？你去哪儿了？你知道现在多晚了吗？什么人才会拿着父母给他买的手机，竟然还不回短信、不回电话？！我气死了！"
- 第二种："我猜你手机没电了，但你晚回家了一小时，我很不高兴。我们说好了，如果你晚回家 15 分钟，你就要给家里打电话，对吧？"

在这两种批评里，父母都很生气，就像大多数父母一样。事实上，原始的情绪是我们人性中固有的、健康的一部分，表达情绪可以向我们周围的人传递重要的信息。与此同时，调节情绪和改善我们的表达方式，都是后天习得的技能，这些技能会增强或削弱我们的沟通有效性。我们可以把原始的消极情绪想象成刚挖出来的土豆——不会让人很有胃口。事实上，这块土豆和你刚挖出来的石头没有太大区别。然而，如果你把土豆洗净、削皮、切成薄片、油炸、调味，它就变得让人难以抗拒了。关键在于，你可以把原始情绪传达给某人，但别人不会太喜欢这些情绪，因此他们会排斥这种情绪……或者排斥你。然而，如果你准备得当，对方就很有可能会倾听并理解。这种准备，这种情绪的调节和加工，就是许多人所说的语气。

在上面的第一种里，父母一开始就用了敌意的语气（"到底怎么回事"），给孩子贴上标签（"什么人才会……"），并指责孩子的性格，间接地指责他是一个被宠坏的孩子。在第二种里，父母首先给了孩子一个台阶下（"我猜你手机没电了"），描述了自己的感受（"我很不高兴……"），提及了亲子关系（"我们说好了……"），并试图找到一些共识（"……对吗"）。

对于意图，我们要考虑的是，父母在这种情况下的直接目标是斥责孩子，还是让孩子受益。（也许两者都有。孩子该受斥责，并且他的行为必须改变。）有时，一次有效的批评可以传达两条或更多的信息，但一句话里有一个主旨。第一种的主旨是斥责，第二种的主旨是让孩子受益。因此，青少年对不同方式的反应，以及这两种批评的效果，都会有显著的不同。

在父母的斥责下，大多数孩子都会感觉受到攻击，并产生防御心态。他们可能闭口不言，也可能反击——不管怎样，他们都可能对父母最底层的担忧表示排斥，而不是接受。接下来可能是非建设性的沉默，或者愤怒的争论，让沟通保持在肤浅的层面上。[6] 当孩子确实改变了他们的行为时，斥责似乎是有效的——暂时有效。然而，这是施加有害压力的典型例子——用惩罚的威胁来迫使孩子服从。在那种情况下，青少年下次可能会按时回家，但只是为了避免训斥，而不是因为他们理解并接受了父母的观点。

此时，有些父母可能会问："谁在乎我的孩子为什么遵守规则？只要他按时回家，我一点儿也不在乎他们怎么看待时间限制。"确实，被迫的服从很有诱惑力，可能会让父母在其他方面，如学业、运动或艺术方面迫使孩子服从。然而，孩子的想法的确很重要，因为只有孩子理解并接受一个概念，他才可能持久地改变自己的行为。相反，如果孩子的行为只是为了避免惩罚，那么当威胁消失时，他就不太可能服从了。在这种情况下，如果父母晚上不在家，青少年就很可能完全无视回家的时间限制。既然没有被抓住的可能性，那为什么不在外过夜呢？如果你想让孩子在没人监督的情况下也表现得很好，那就不能一味地指责孩子。

第二种可能是有效的，因为这种方式表达了父母的情绪，找到了一些共识。孩子更有可能听到父母的担忧，甚至可能与父母谈话——即使不是现在，也可能是在第二天。如果青少年在未来改变自己的行为，并遵守时间限制，那也是因为他们理解了父母的看法，心中的责任感增加了。第二种现在看起来似乎很合理，但是，既谈及情绪又寻找共识的方法依然会让许多父母问："我为什么不能直接说'因为这是我说的'，从而改善孩子未来的行为？"答案是：有时你的确可以，但持久的行为改变是由相互共情导致的，而不是有害压力。

在这个准时回家的例子里，父母需要理解大多数青少年都会争取独立，喜欢和朋友出去玩，当他们沉浸在有趣的活动中时，通常会忘记时间。对青少年来说，他们需要理解大多数父母都觉得自己对孩子的幸福负有重大的责任，都希望得到孩子的尊重，并且当家里的规矩被忽视时，父母会把这件事看作是针对自己的。相互理解并不总是容易、顺利的，但如果父母和孩子都从对方的角度看待生活（有相互的共情），积极的行为改变就会来得更快、更持久。即使孩子不同意你的观点，或者你不同意孩子的观点，只要他们理解你批评中的想法、感受和关系因素，他们就会对你的批评做出更好的回应。

如何让孩子承担有意义的后果

在我们讨论有效提问之前，我们想讨论一下"后果"，这是用来代替"惩罚"的一种委婉说法。也许父母应该让错过回家时限的孩子关禁闭，取消他们的零花钱，或者限制他们使用电子设备的时间。确实，心理学家和其他育儿专家已经写了一大堆书，教你如何给不同年龄的孩子施加合理的后果，从而塑造他们的行为。这些书中的大多数都说了同样的话：就像批评一样，如果能增进理解，给孩子改善自己的机会，那后果就是有效的。

很多时候，父母会出于愤怒而冲动地惩罚孩子，却没有仔细考虑他们大声喊出来的后果有没有教育意义，还是说只会令人不快。在这种情况下，有教育意义的后果可能是，要求青少年在时间限制前一小时回家，持续一个月。如果孩子能坚持做到这一点，那父母就能恢复正常的时间限制了。这种后果可能是有效的，因为它在逻辑上与不当行为有关，而且包含了改善行为的机会。像连续一个月每晚洗碗这样的惩罚，与违背的规则没有联系，也没有为青少年提供机会来证明他们可以改善自己的行为。

对于年纪较小的孩子，我们建议父母每次让孩子承担后果的时候，都加上一个总结。在给孩子实施"计时隔离"（time-out）或者有逻辑关联的惩罚后，问问孩子"你知道你为什么要计时隔离吗"，或者"你知道我们为什么一周内不让你用电子设备吗"。你可能认为，只有书呆子式的心理学家才会问孩子这种惩罚后的理解性问题。然而，如果你能意识到，孩子有多容易误解父母生气或惩罚他们的原因，那你肯定每次都会问这种理解性问题。作为父亲，我们两位作者都曾对孩子小时候误解行为后果的频率感到震惊，但这是正常的。有时候，孩子不能理解后果，因为他们看世界的方式与成年人截然不同。还有些时候，孩子会听到父母声音中的情绪，他们自己也会难过，因此无法听懂父母最初的解释，不能理解为什么受到批评的行为是错误的。唉，有时候孩子在计时隔离的几分钟里就能忘记他们是为什么受罚的。再次强调，理解后果是接受行为改变的先决条件，这种重要性再怎么强调也不为过。

关于后果，我们还要最后再说一句：后果的作用是有限的。大多数不当行为都表明孩子缺乏技能，而不是有恶意。儿童和青少年仍然在学习正确的行为，而惩罚能教会一个人的唯一一件事，就是什么事不该做。例如，某人伸手去拿一盘你说过不能拿的饼干，你扇了他的手，你教会了他什么？你教会了他不要伸手去拿饼干，至少在你看着的时候不行。这是一个在极有限情况下的、非常具体的禁令。算不上什么人生教训。此外，你真的想把所有教养的时间都花在教孩子什么不该做上吗？我们作为父母、教师、导师、领导，我们的真正目标是教孩子该做什么。我们希望孩子学会冲动控制、情绪调节和无私的美德。我们希望他们更清楚地考虑自己行为的后果，并尊重他人。我们希望他们创造性地解决问题，表现出一些谦虚和自嘲的幽默，并且在遇到挫折时坚持不懈。当然，这些都是长期的教养目标，我们只能通过每次的亲子互动来实现。虽然本书讲的不是行为管理，但如果父母想要减少对后果的依赖，更多地培养孩子的社会性、情绪和行为技能，那我们推荐你们阅读心理学家罗斯·格林（Ross Greene）的著作。格林博士说："如果照料者仅专注于改变孩子的行为，导致这种行为的问题就依然得不到解决。不过，如果照料者专注于解决问题——合作、主动地解决问题，那不仅问题能得到解决，与问题相关的问题行为也会消退。"[7]

如何有效地向孩子提问

除了违反规则以外，父母批评和提问的常见原因是孩子表现不佳。如果你知道孩子本可以表现得更好，批评和提问的话自然会出现在你的脑海里。我们建议你把这些想法放在心里（至少暂时如此），停下来思考一下你的目的和观点。下次当你突然觉得想要指责孩子的时候，请问问自己本章的核心问题：我的目标是指责孩子还是让他受益？你很可能想让孩子受益，所以下一个要问自己的问题是：我的孩子会如何看待这件事？然后再问问自己：我怎样才能帮助孩子理解我的看法？

考虑一下这个例子：你13岁的孩子告诉你，他决定竞选班长。

你对他说，这听起来是个有意思的想法，并问他有没有你能帮上忙的地方。他解释说，学校禁止父母帮忙，也禁止学生花自己的钱来竞选。为公平起见，学校给了每位候选人 25 美元，用于购买宣传材料和用品。看到孩子对规则如此理解，你感到很放心，对他的成功感到乐观，对学校提供这种自主行动的机会印象深刻。

在接下来的十天里，你发现孩子没有为竞选做准备，当你问起这事时，他告诉你他一直在学校里做竞选工作。一天后，你从另一位母亲那里听说她女儿赢得了选举，所以你决定当晚问问孩子竞选的结果。当然，他很失望，并承认他在这件事上花的功夫很少。你也很失望，但原因不同。无论结果如何，你知道孩子本应该付出更多的努力。批评和提问的话语出现在了你的脑海中，你感到越来越生气。接下来该做什么？尽量把这些想法放在心里（至少暂时如此），停下来思考一下你的目的和观点。下面是一份问题清单，还有一些可能的回答。

问：我的主要目标是指责孩子，还是让他受益？

答：我当然想让他受益，但我也想批评他不努力，以及他谎称在学校做了很多选举工作。

问：我的孩子怎么看待这件事？

答：实话说，我不知道他只是对失败感到失望，还是他也对自己没有尽全力赢得选举而失望。他也对自己生气吗？就像我对他生气一样。

问：我怎样才能帮助孩子理解我的看法？

答：我还不知道呢，但我非常希望他认真对待未来的事情，并且完全诚实地告诉我他的进展。聪明人如果懒惰，就走不了太远。

在和孩子讨论竞选问题之前，还有其他重要的问题要问自己。如果你用了上面的简明清单，会发生两件好事：①你会保持冷静；②你能想到一些有效的批评和提问。你现在已经知道怎样批评才有效了。要有效提问，就要注重相互理解，这是支持型父母的特点。不要质问，这是压力型父母可能会用的方式。下面四种质问方式听起来耳熟吗？

四种要避免的质问方式

引导

用提问来为你的观点做铺垫。

母亲：你希望班长选举有什么结果？

孩子：呃……这个……我当然希望赢了。

母亲：你希望。我明白了。看来，希望并没有什么用，是吧？也许你应该在这上面花点时间和精力。

事实核查

用提问来收集对孩子不利的证据。

母亲：我周二、周四早上提前送你去学校的时候，你说你要为竞选做准备。你到底做什么去了？

孩子：我做了一点儿。我是说，我和朋友聊了聊还有谁在竞选。

母亲：我明白了。我提前送你上学，好让你能和朋友一起闲聊。真棒。

问"为什么"

问"为什么"，问"怎样"或"什么"更容易让人感觉受到指责。带"为什么"的反问句会让孩子的防御心态变得尤其严重。

母亲：你认为你为什么会输掉竞选？

孩子：我得的选票最少。

母亲：很明显。但为什么你得的选票最少呢？

问"是"或"否"的问题

询问只能用"是"或"否"来回答的问题，是压力型父母限制和控制对话的一种方式。

母亲：你认为什么都不做就能赢得竞选吗？

孩子：不。但我没有什么都不做。

母亲：你是不是一分钟前刚刚告诉我，你没有真正努力？

当压力型父母用这些或类似的方式质问孩子的时候，他们可能会有一种肤浅的胜利感，因为受到审问的孩子通常会说出父母想听的话，不管是不是真的。压力型父母的目标是证明自己的观点，孩子的目标则是尽快结束对话。如果你有时觉得孩子故意缩短电话和短信交流，那就试着多倾听，多问一些开放式问题，努力去理解，而不是说服。[8]回到竞选班长的例子，下面就是这种良好沟通的例子。看看你能否找出这位母亲所有不带攻击或质问的批评与提问。

母亲：今天我和格蕾丝的妈妈谈过了，她说格蕾丝赢了班长选举。

乔丹：是啊。我正打算跟你说呢。

母亲：你大概不太想聊这个。

乔丹：确实不太想。

母亲：听到选举结果公布是什么感觉？

乔丹：失望。我不太想说这个。

母亲：你觉得很沮丧。

乔丹：嗯。

母亲：你是怎么竞选的？

乔丹：你是什么意思？

母亲：我看到你没有在家做竞选的事情，所以我不知道我提前送你去学校之后你做了什么。你总能从失败中学到一些东西。

乔丹：我大概应该多下一些功夫。

母亲：多下功夫？

乔丹：嗯，我不知道。也许多贴点儿海报。跟其他孩子多交流一些。再多下功夫……考虑和宣传我当选后会为班级做些什么。

母亲：所以，你认为有些同学没有投票给你的一个原因，是他们不知道投票给你会给他们带来什么。

乔丹：大概吧。我是说，格蕾丝一直在说要改善食堂的饭菜。

母亲：这是个很明确的竞选纲领，是学生关心的事情。格蕾丝让大家知道她的纲领了？

乔丹：是的。

母亲：你的竞选口号是什么？

乔丹：我没有足够的时间去想这个。

母亲：你是说，如果你有更多的时间，你就能想出一个明确的口号？

乔丹：嗯，其实不是。我的时间可能已经足够了——我的意思是，每个人的时间都是一样的。可是我，唉……我时间有点儿不够。我不是故意的。我没想到要做这么多工作，我是说，就为了竞选。我以为竞选就是"嘿，咱们是朋友，投我一票吧"。

母亲：（尽最大努力共情）我猜，你可能很震惊，因为发现竞选比的不是谁更受欢迎。或者是因为你发现自己并没有想象中那么受欢迎，也可能是因为你才明白过来，大项目需要很多很多天的努力。现在你知道我为什么问你要不要我帮忙了吧。

乔丹：（开始难过）可你不能帮忙！父母不应该帮忙。你能做什么？别纠结这事儿了。我输了，行吗？我输了。我已经学到教训了。我再也不会竞选了。你满意了吗？

母亲：要不要再竞选由你自己决定。但在我看来，这次的教训不是"别再竞选"，而是"下次竞选聪明一点"。我知道父母不能直接帮忙，但我可以听听你的竞选计划。如果你向我解释你的计划，你就会意识到计划不够现实、不够详细。那时你可能就能够列出你要做的事情了。你知道，我总是可以倾听的。你很聪明，但那不够。你还需要计划——详细的时间安排，还需要把计划付诸实践的决心。

乔丹：是啊，我现在知道了。

母亲：听着，你没赢我们都很失望，但我们知道你为什么没赢。我还觉得，你我都因为你没有在竞选中更加努力而失望。

乔丹：你生我的气了吗？

母亲：是的，我生气了，但不是因为你没赢。我不高兴，是因为你上周有四天让我提前送你去学校，好让你准备竞选，但你没有真正去做这件事。我觉得你利用了我。我想帮忙，但我现在不想那么大方了。

乔丹：好吧。对不起。

母亲：我希望你下次能对我诚实一些，尤其是当你意识到你遇到了一个比你预料中更大的问题或挑战的时候。我以前也说过，让我听听你的想法和感受绝对不会违反竞选规则。为什么你不愿意告诉我实情？

乔丹：我不知道。

母亲：我也不知道，但我希望你以后能和我再多分享一些事情。如果我做了什么事，让你觉得难以和我分享，请告诉我。让我再说一件事。我很高兴你学到了一些重要的教训，知道如何处理下一个重大项目了。

乔丹：嗯，我可不敢这么说。

　　这位支持型母亲给出了真诚的表扬、建设性的批评和开放式的提问，施加了健康的压力。所有这些行为都是为了促进孩子对这件事的理解，并依靠亲子关系来督促孩子学会如何做得更好。即使这位母亲想要指责孩子的品格或质问相关的事实，但她控制住了这种冲动。没错，母亲表达了她的愤怒，但表达的方式是尊重的。这个孩子没有感到被攻击。即使他们一开始说过不想谈论选举结果，他们的讨论也很有成效。这位母亲和孩子要讨论的东西还有很多，但进行一系列简短的讨论，讨论中间留出双方思考的时间，通常会比马拉松式的互动更有成效。尽管许多父母擅长长篇大论的说教，但孩子讨厌说教。

即使你的表扬、批评和提问都经过了深思熟虑，孩子也不会始终与你谈一些有实质性的内容。上面的对话案例是理想化的。但作为父母，我们必须从长远考虑，坚持不懈，这样才能取得成功。记住，突然的行为改变大多只会出现在振奋人心的幻想电影里。真实生活不是一帆风顺的。我们必须为这样的事实感到欣慰：即使孩子没有回应，他们也会感觉到我们充满爱意的、建立联结的努力。在努力建立联结、抚育孩子的时候，父母应该在多大程度上参与孩子的生活？这是下一章的重点。

第 12 章

相信孩子能够成功，
避免侵犯他们的空间

● 转变 7：从过度的参与到慈爱的关注 ●

健康的新生儿都有一些先天反射，包括吮吸和抓握。这些反射能帮助孩子生存。在出生后 6～8 个月的某个时候，大多数婴儿都会开始抓握物体，把这些东西放进嘴里吮吸。像木块、塑料玩具或自己的脚趾这样的东西不能提供营养，但吮吸它们可以提供许多信息：物体的味道、质地、软硬，以及弄湿后会怎样。婴儿不通过读课本、讨论事实、看纪录片或在野外徒步旅行来学习知识。有朝一日，他们会的。但作为婴儿，他们通过其他方式学习，比如看、听，以及吮吸（没错）几乎一切能放进嘴里的东西。如果父母看到婴儿抓住或开始吮吸某些可能伤害他们的东西，父母就会"入侵"他们的空间，拿走有害的物体，从而进行干预。所有关心孩子的成年人都会这样做。我们会参与孩子的成长过程，防止伤害，促进学习，表达我们的爱。在婴儿期之后的棘手问题是，我们不仅要知道如何参与，还要知道参与的程度该有多深。

孩子越小，我们为他们做事就越合理，比如喂他们吃饭、帮他们上厕所、给他们洗澡、替他们穿衣。随着他们年龄的增长，我们通常会让他们独立做更多的事情。我们甚至会庆祝某些里程碑式的事件，比如学会走路、上厕所和系鞋带。成年人要为孩子做多少事，以及孩子要独立做多少事，在一定程度上取决于图 4-1（在第 4 章介绍的）中的"透镜"与"棱镜"。我们为他们做多少事，也取决于他们的社会性、情绪和认知发展，而这些不在图 4-1 中显示。我们现在必须将发展水平（成熟度与能力，而不是实际年龄）纳入我们的父母压力模型，因为父母参与的最佳程度就取决于此。例如，患有严重神经发育障碍的孩子可能一辈子都需要成年人帮助他们穿衣，而神经发育正常的孩子在 4～6 岁就可以独立穿衣了。

如图 4-1 所示，关系压力可以在"参与"（健康）到"侵扰"（有害）的范围内变动。但是，父母如何才能确定最佳的参与程度呢？参与度有大小，它的最佳水平会随着孩子成熟度和能力而变化。这的确很有意思，但仅仅知道这一点没什么帮助。幸运的是，关于父母参与度的研究取得了一些实用的发现，其中最重要的是：关于父母的最佳参与度，只有孩子才有发言权，孩子的判断基础是他们的生活经验。[1] 比如说，假如有两个单亲家庭，每个家庭各有一个孩子。两位父母对待孩子的态度可能是一样的，但其中一个孩子可能会说，当下的父母参与度是最好的，而另一个孩子可能会说，同样的父母行为会让他觉得是侵扰或过度参与。最佳参与度有主观性质，这种主观可能会让父母摸不清头脑，但本章会帮你找到参与的最佳水平和强度。我们最好从一个案例开始谈起。

　　周日下午，贝吉尔先生忙碌完回家，想起14岁的儿子克鲁瓦周一有一节小号课和一场数学考试。贝吉尔先生没有敲门就进了克鲁瓦的卧室，发现克鲁瓦在摆弄手机。"拿来给我看看，"贝吉尔先生说道，他伸出右手，掌心向上，"快点，哥们儿。拿过来。"

　　克鲁瓦叹了口气，表示抗议。"爸，我正在给数学小组发短信呢。"

　　"很好，"贝吉尔先生答道，"我希望你们聊的和数学有关。"他加了一句，从阅读眼镜的镜框上方盯着克鲁瓦。

　　"有关。"克鲁瓦说。

　　"那让我看看吧，"贝吉尔先生重复道，招手示意，"你知道规矩。只要你的手机是我买的，话费是我付的，我就有权在任何时候、以任何理由查看你的手机……或者没有理由也有权。"

　　克鲁瓦慢慢地把手机放在父亲的手里。贝吉尔先生仔细看了看主屏幕，浏览了几个应用程序，读了几条短信，然后把手机还了回去。"克鲁瓦，我在你的群聊里没看到任何有关学习数学的内容。大多数聊的都是关于一个人的，你的同学德雷克。"

　　"爸，"克鲁瓦笑着说，"德雷克是……不，不，当我没说。还没谈到数学是因为我们正要约定视频会议的时间。你就在这时进来了。"

　　"嗯……好吧，但我要参加视频会议。"贝吉尔先生坚持道，"我跟你说过，我们今天要复习数学，还要把你的小号曲目练一遍。你明天要考试，晚上还要上课。"

"爸，我都准备好了。我都 14 岁了……谢了，但是……我的意思是，我感谢你的帮助，但我自己复习考试、自己练习就可以了。"

"你上次也是这么说的，我很确定你还记得上次数学考试的结果。"贝吉尔先生指出。

"爸，上次数学考试没人考得好，"克鲁瓦解释道，"我跟你说过原因了。洛佩兹夫人出了一大堆我们没学过的题。"

"没错，"贝吉尔先生平静地说，"这就是为什么我们要一起复习，还要开始做下一单元的习题。"

"什么？！"克鲁瓦叫道，"那我什么时候才有时间练小号，做其他作业？我们又不能在 15 分钟内做完一个单元的数学题。"

"这个嘛，"贝吉尔先生说，"你周六上午和朋友在公园里踢足球的时候就应该想到了。"

在一阵尴尬的沉默后，贝吉尔先生继续说道："你要学会安排时间、提前计划。幸运的是，我就是来教你这个的。但是总有一天，你得自己安排时间。现在，我觉得我们得行动起来了。给我看看你的作业本，我们规划一下今天的时间。"

读到这里，你可能要么认为贝吉尔先生给了孩子充满爱意的关注，要么认为他的行为是很讨厌的侵扰，或者介于这两者之间。一方面，他记得克鲁瓦第二天要做的事，监督了他使用手机的情况，留出时间来帮助克鲁瓦学习，并且对克鲁瓦的表现寄予了很高的期望。另一方面，贝吉尔先生没有敲门或请求许可就进了卧室；他要儿子把手机交出来，却没有考虑他打断了什么对话；他否决了克鲁瓦自己和同学一起学习的请求，坚持要参加线上学习；他还事无巨细地为克鲁瓦安排时间。

　　两个不同的父母可能会认为这个例子带来的关系压力截然不同。然而，父母怎么看这件事不重要。至于贝吉尔先生的参与到底是慈爱的关注、讨厌的侵扰，还是介于两者之间，只有一个人说的才算数：克鲁瓦。这就是一个"目的不等于影响"的经典案例。当然，克鲁瓦的一些言行让我们觉得似乎他不喜欢父亲的做法。但是，如果有个中立的第三者要他匿名地说一说父亲的参与是太多、太少还是刚刚好，我们不能保证他会如何回答。

　　要做到转变7，首先要接纳这样一个事实：无论你怎么看待自己对孩子生活的参与，你都需要问问孩子才能知道实情。你认为的理想方法，可能让孩子觉得专横或疏远。你不问是不会知道的……而且答案可能让你难以接受。正如哈姆雷特王子曾哀叹的那样："这就是问题所在。"好消息是，多了解关系压力，能让你很好地在孩子生活中的某些方面后退一步，而在其他方面前进一步。如果你能把你的评价放在一边，仔细倾听孩子对于你参与他日常生活的感受，那你就能以正确的方式，在孩子需要的地方，自如地施加适度的健康压力。

怎样衡量父母的参与

　　我们可以用两种方式来衡量父母的参与：参与程度——大多数父母看待参与的方式，以及参与强度——孩子看待参与的方式。参与程度指的是父母在孩子生活的特定领域投入的所有时间、精力和金钱，如食物、住所、衣物、教育、体育活动、艺术培训、社会活动以及娱乐。当你做这些事情的时候，你的参与程度会提高：买菜、买衣服、买文具；举办生日聚会、玩伴聚会、留宿孩子的朋友；参加比赛、运动会、演奏会、家长会；送孩子去练习、上课、看书；鼓励、辅导、担心孩子，与孩子互动。如果你有一个魔法手表和魔法钱包，就能实际计算你在孩子身上投入的时间和金钱。衡量你为孩子付出的精力要困难得多，但你能感受到（这是当然的），而且这种感觉常常让人很满足。不管怎样，时间、金钱和精力的总和就是参与程度。这完全是父母的功劳，你应该为此得到赞扬和感激。

参与强度则是指孩子对你的贡献和参与的感受。克鲁瓦感觉到的是被侵扰、窒息、鼓励还是忽视？如果问问我们的孩子，我们就能知道，但我们很少这样做。为什么？因为作为父母，我们错误地以为参与强度无关紧要（例如"谁在乎孩子是怎么想的"），或者认为我们的参与程度已经达到理想强度了（例如"我知道该怎么做，合适的时候我会告诉你的"）。尽管如此，那些批评孩子自以为是的父母都会亲身体会到，高程度的父母参与有时会被忽视，或者得不到感谢，这很好地证明了孩子的感受（有时是感受的缺乏）并不总是与我们的行为相符。听过孩子大喊这些话的父母也会有同样的体会——"滚出我的生活！""这事儿跟你无关！"或者"你把一切都毁了！"我们的孩子用这些指令和指责伤害了我们的感受，但这些话可能是很有价值的反馈。

然而，在参与不足的情况下，孩子可能会抱怨："你根本不在乎！""你只是假装感兴趣！"或者"如果你肯听我说话，你就会知道了！"矛盾的是，参与不足的父母可能感觉自己参与了，但没有做出参与的行为，在孩子眼中尤其如此。例如，有些父母参加了孩子的活动（如比赛、运动会、演奏会、展览、表演、毕业典礼），但花了很多时间在手机上。他们可能会说："我是个很尽职的父

（母）亲，因为我参加了孩子大多数的活动。"然而，他们的孩子可能会说："我希望我父母更关心我一些，但他们有一半的时间都花在手机上了。"作为父母，你是孩子生活中的一股力量，会在不同的时间，以不同的方式前进、后退。知道何时前进、何时后退，敏锐地意识到孩子对你的参与有何感受，这是一门艺术而不是科学。幸运的是，科学给了我们一个实际的切入点，来完善我们的参与方式。

大多数有关父母参与的研究都侧重于学业或体育方面，少数研究则侧重于表演艺术方面。研究者通常会从父母那里收集参与程度的数据，从孩子那里收集参与强度的数据，并从学校那里收集关于表现的客观指标，比如平均绩点或运动排名。研究结果可能看起来并不意外，或者太过模糊而没有用处：感觉参与强度高（一种有害压力）的孩子，比感觉参与强度中等的孩子更焦虑，表现更差。[2] 尽管大多数研究没有将冷漠或忽视孩子的照料者考虑在内，但这些发现同样在意料之中：大多数感觉到父母疏于参与的年轻人，往往会有心理困扰、表现问题与低自尊。[3] 你可能已经凭直觉猜到，过多和过少的参与都是有害的。也许现在你也能凭直觉看出，孩子比父母更善于判断参与强度。那么，为什么如此符合直觉的事情对那么多父母来说却如此困难呢？有关专横父母的比喻早在"虎妈""虎爸"的标签出现之前就存在了。那么，这些父母是什么样的呢？

过度参与的父母

你在第 6 章已经看到了，直升机式父母会守在孩子身边保护孩子。相比之下，过度参与的照料者会做出一些让孩子感到很不舒服的侵扰行为，让压力型教养变本加厉。这里还有一些运动的类比：如果说直升机式父母会在运动场边大声指挥孩子，过度参与的父母就会直接跑到场上参与运动。过度参与的父母和他们的孩子就像在玩双人跳伞，就是那种学员把有经验的教练绑在背上的跳伞运动。教练会指导学生完成跳伞过程，包括跳出飞机舱门、自由落体、操纵伞盖和降落。[4]这种手把手的指导非常适合婴儿（和跳伞新手），通常也适合幼儿，有时适合学龄儿童，但很少适合青春期的孩子。总之，如果受指导者的成熟度与能力很低，手把手的指导是最合适的，尤其是在从事高风险活动的时候。孩子的实际年龄从来都不是决定父母最佳参与度的因素。然而，成熟度与能力往往会随着年龄的增长而增长，而我们有时会把参与想象得过于简单。也就是说，我们会认为年幼的孩子需要更多的父母参与，而较大的孩子需要的较少。更准确的想法应该是：如果活动风险高，或者孩子的成熟度和（或）能力较低，父母的参与就应该提高。

我（克里斯）第一次尝试跳伞时，就希望把一名经验丰富的教练绑在我背上，不管我年龄有多大。因为活动的风险高，而我的能力低。（我的成熟度一直是个问题，但那是另一回事。）后来，当我学习、练习并掌握了基础知识后，我就希望教练从我背上下来——无论是在字面意义上，还是在比喻意义上。如果在我准备好第一次单独跳伞之后，教练还要一直绑在我背上很长时间，我就会感到窒息。当然，感觉准备好了和真的准备好了不是一回事。这就是为什么成熟度很重要了——教练要有足够的成熟度来向我解释，我为什么需要更多的指导，我也需要足够的成熟度来接受教练的建议。关键在于，当我真正准备好第一次单人跳伞的时候，我就会渴望独立，而不愿意再进行双人跳伞。如果教练能在我身边陪我跳伞，作为我独立跳伞的第一步，我就会感到兴奋、快乐、自信，觉得自己有能力。我会享受自力更生的喜悦。

在另一种极端情况下，如果我以前从没有跳过伞，有人把降落伞绑在我背上，把我扔出飞机，我就会惊慌失措。事实上，这种参与不足是一种虐待。幸运的是，孩子并非只有极端的窒息或惊慌失措这两种选择。苏联心理学家列夫·维果茨基（Lev Vygotsky，1896—1934）将过度参与和参与不足之间的最佳区域称为"最近发展区"。他说，如果比学习者技能更强的人（如父母、教师、教练或有能力强的同伴）提供足够的支持性指导，让学习者既保持兴趣，又受到挑战，此时的学习状态就是最好的。[5] 不给予指导会让学习者感到被抛弃、沮丧、困惑；为学习者包办一切也会让他们感到无聊或窒息。如果维果茨基今天还活着，他也许会补充说，父母适度的参与，即避免孩子感到极端的过度参与和参与不足，有助于父母和孩子在最近发展区内享受更多的相处时间。

父母如何适度参与

孩子越不成熟或能力越差，父母的介入和高度参与也就越容易，也越应该。例如，父母会用勺子或手喂可以吃固体食物的婴儿。在"喂孩子"的事情上，父母从不问要不要，只会直接动手，人人皆大欢喜。心理学家将这种亲子边界称为"可渗透的"。父母随时可以很容易地跨越边界，采取最符合孩子利益的行为。在这种情况下，跨越可渗透的边界不会让孩子有被侵犯的感觉。

随着时间的推移和孩子协调性的增长，大多数父母都会让孩子自己吃饭，也许会在此之前先给孩子一些肢体或言语上的指导。父母在喂饭这件事上后退一步，是培养孩子自主性的一个很好的例子。事实上，那些对孩子自己吃饭持矛盾态度的父母，很可能招致孩子的抵制。如果你试图去喂一个已经学会自己吃饭的孩子，往往会适得其反——孩子胳膊乱挥，噘起嘴巴，大声叫道："我！"这种抗议表明，在喂孩子这件事上，亲子的边界不再是那么可渗透的了。一般而言，无论孩子年龄多大，如果孩子在某方面获得了一定的独立性，父母就很难不请自来地介入，替他们去做事。成熟度与能力的提升降低了许多亲子边界的渗透性。

你可以用边界渗透性的概念来找到父母参与的最佳程度。不要再去罗列你能和不能为孩子做什么了。从反思孩子已经独立去做的事情开始。然后问问自己：我有多少次未经邀请就去替孩子做事？还可以换个方式问这个问题：我在什么时候会把这种亲子边界视为可渗透的，即便已经没有理由再这样想了？

当然，你对这些问题的回答取决于你在考虑的是哪方面能力。例如，父母可能会觉得，完全可以给正在学开车的孩子主动提供建议（"新手司机"方面）；也许可以在孩子做以前做过的饼干时介入，提供指导（"初级糕点师"方面）；但肯定不能去给青少年系鞋带（"穿衣"方面）。第一个边界是可渗透的，第二个边界是半渗透的，第三个边界是不可渗透的，除非孩子受伤、生病或者有认知障碍。父母参与的最佳程度也会相应地变化。

年龄较大的孩子和青少年的父母，需要和年龄较小的孩子的父母一样，具有自我觉察能力，不过他们会得到孩子的免费指导。（孩子的顶嘴也是免费的，不过就没那么有帮助了。）特别是，大多数青少年基本上都会在父母跨过或试图跨过边界时让父母知道。例如，你的青春期孩子可能很愿意让你开车带他去电影院见一些学校的朋友，但如果你决定停车和他一起进场，他就会不高兴了。你更别想和他的同学聊天了。我们的一位家长朋友试过一次，然后像下面这样对我们讲述了他的错误。

我没有把车开到影院前方，而是把车停在了靠近入口的一个地方。看上去一切正常，但当我给汽车熄火的时候，孩子问我："你干吗？"我说，我停车是因为我要上厕所，我觉得我撑不了25分钟的回程。

当我准备下车的时候，你知道我孩子说了什么吗？"等等，求你了，忍一忍吧。你能忍住。你以前不总是这样跟我说吗？说真的，你不能就这么跟我一起进去。"我惊呆了。

我试图大事化小，跟孩子说他这是在犯傻，并提醒他我已经认识他大多数朋友了。我说我就挥挥手，打个招呼，不用担心——我不会跟他们一起去看电影……我只是进去上个厕所。

然后孩子说："我就是想说这个！这太尴尬了。说真的，我朋友不需要知道你想去上厕所！"

我正要给孩子上一堂关于特权感的课，打算让他自己搭便车回家，但我突然明白了：他所有的反对意见与我本人或我的生理需求无关。问题的关键是，我的孩子有能力独自走进电影院，以便向朋友展示他的独立性。

所有父母都犯过类似的错误，让我们青春期的孩子感到很丢脸。然而，从长远来看，你越能发现自己何时在剥夺孩子自主的机会就越好。你越是能后退一步，就越有利于孩子的独立性成长。这很有道理，但我们仍然没有直接回答这个问题：对于压力型父母来说，为什么给孩子与发展水平相称的自由会如此之难。至少有三个相关的原因。

为什么适度参与孩子的生活是如此之难

1. 信任悖论

每个父母都希望他们的孩子能表现出父母身上的一些长处。当孩子表现出这些长处时，每个父母都很享受由此而来的替代性快乐。想想父母多喜欢炫耀，无论是"卡梅伦学会了走路！"还是"卡梅伦进了加州大学洛杉矶分校！"都是他们喜欢炫耀的东西。然而，孩子的这些表现，有时不只是父母千疮百孔的身份认同中的一些讨喜的闪光点。有时，父母与孩子的身份认同会紧紧地交织在一起，我们将这种关系模式称为"纠缠"（enmeshed）。纠缠的父母会陷入一种悖论，即每当他们相信孩子能表现出某种独立性的时候，他们就会发现，自己几乎无法后退一步，让孩子自主行动，因为与孩子保持距离就等于放弃自己身份认同的一部分。这种信任悖论会让纠缠在亲子关系里的孩子体验到许多有害的关系压力，严重阻碍他们的独立性发展。

2. 角色悖论

人类婴儿在出生时是无助的，就像许多其他物种的幼崽一样，但人类的孩子会依赖父母十几年。进化生物学家认为，这种异常漫长的成长时间对于人类发展出复杂的思维和语言技能是必要的。不管孩子为什么长期依赖成年人，其结果就是，我们父母会觉得自己很重要。事实上，我们是必不可少的，至少在一段时间内是如此。然而，如果我们忽视了让孩子独立自主的必要性，那我们就有可能剥夺他们的自主性。角色悖论是指，我们父母满怀热情地承担了供养者和保护者的重要角色，在孩子成熟后却可能难以改变自己的角色。有些父母不能给予孩子与年龄相符的自由，向他们表现我们的信任，而是相信没有自己，孩子永远不可能成功。这种信念反过来成了父母过度参与的理由。陷入角色悖论的父母会向孩子传达一则信息：父母的积极参与是他成功的必要条件。这种信念不仅会让孩子在父母不在身边时感到焦虑，还会助长父母过度参与的行为，剥夺许多让孩子独立解决问题、做出重要决定的机会——这两项都是个人成功、为人类延续做贡献所需的能力。

3. 失败悖论

信任悖论与角色悖论会衍生出失败悖论。父母如果让孩子变成自己成年身份认同的核心，那他们就会把孩子的失败视为自己的失败。如果孩子的法语考试不及格，这种父母就会觉得自己也不及格了（或者至少他们作为父母是不及格的）。这种想法是错误的，会助长父母的过度参与，因为它会让人产生这样的想法：如果我在孩子做作业和复习考试的时候多管一管，孩子和我就都不会不及格了。在用更侵扰的方式介入孩子的法语学习之后，父母会把未来的任何成绩提高视为证据，认为高程度的参与对于孩子的成功是至关重要的，从而使他们继续过度参与。如果孩子在以后的考试中表现更差，陷入失败悖论的父母会认为"我做得还不够"，并可能变得更加过度参与。需要明确的是，只要父母不把孩子的失败视为自己的失败，那么父母在学业、艺术和运动方面的指导是非常有益的。

许多父母都会在这些悖论中发现自己的影子。无论你是不是这样的父母，本章最后一节都能为你提供一些实用策略，让你按照孩子心目中近乎理想的强度去参与他们的生活。为了取得最好的效果，你的言行都必须是真实的。当你采纳我们的建议时，请记得用你自己的话来表达。

以理想的强度参与孩子的生活

1. 相信孩子

如果孩子相信你爱他们、信任他们，那无论他们有何优点、缺点、疾病、特质，他们都会更快乐、更健康，自主性、抗逆力更强，并能取得更大的成功。无论孩子的气质、魅力或智力如何，都请相信孩子，这对他们的幸福是至关重要的。[6] 对孩子表达信任的例句有：

- 无论发生什么，我都是爱你的。
- 我相信只要你努力，就能取得伟大的成就。
- 这件事不会改变我对你的信任。每个人都有失败的时候。像你这样的成功者会思考这些经历，并从中学习。
- 你有很好的技巧，可以学到更多东西。我很愿意帮助你，或者帮你联系能帮助你的人。

2. 给予决策控制权

就像我们在本章提倡的其他做法一样，父母要允许孩子独立做决定，也必须依据孩子的发展水平。实际上，这一原则在所有发展阶段都是适用的：提供适度的指导，足以让孩子自己解决问题即可。在可能的情况下，不要直接或完全替孩子解决问题，也不要在孩子没有要求的情况下给他们建议。这里有几个培养自主性的好问题：

- 你认为接下来怎样才能解决这个问题？
- 你还有什么不同的解决方法？
- 在你看来，这样做的优缺点是什么？
- 根据你以前的经验，该怎样才能做出明智的决定？

3. 请求许可

这可能看起来像是你和孩子的角色互换了，可每当你请求许可的时候，你不仅给了孩子一个做决定的机会，还表明了你相信他们迅速增长的智慧。在某种程序上，如果在你们文化中的大多数父母都会请求许可的事情上，你没有征求孩子的同意，就可能导致孩子愤怒的回应。因此，这种做法也可以减少亲子冲突。一些常见的例句有：

- 你想再来点儿吗？（注意到孩子的盘子空了。）
- 你想看什么？（在你看电视的时候，孩子也坐了下来。）
- 我能进来吗？（在敲了卧室门之后。）
- 你想邀请谁？（在决定生日聚会的日期之后。）

4. 利用错误

我们从错误中学到的东西比从成功中学到的多，所以让孩子经历更多的失败是有意义的。对我们父母来说，很幸运的一点是，孩子自己犯的错就够多了，我们只需要找到错误中隐含的教训。需要练习的是，要抵制诱惑，在教育孩子的时候，不要以羞辱开头。不要说"你应该……"或"当你……的时候，你在想什么"，你可以试着用平静的语气问下面的问题：

- 在这个过程中，你觉得哪个部分做错了？
- 下次你会怎么做？
- 经过这件事，你有什么发现吗？
- 你弄清了哪些以前不清楚的事？

5. 寻求反馈

我们在本章前面已经强调过，父母必须了解孩子对于父母参与强度的感受。有时，大一些的孩子和青少年会主动给予父母关于参与的反馈，就像我们之前提到过的那样。在大多数时候，对大多数孩子来说，你只能寻求反馈。可以尝试的好提问方式有：

- 在这件事情里，哪些部分是你更愿意自己做的？
- 你对我刚才的帮忙有什么感受？
- 下次再做这件事的时候，如果你想要我帮忙的话，你想让我做些什么？
- 下次再发生这种事的时候，我怎样才能最好地帮助你？

6. 管理你的焦虑

这事说起来容易做起来难，保持镇定是我们所有人都需要不断努力的事情。我们在第 8 章已经提到过，消极情绪是会传染的，没有人能在极端情绪唤醒状态下做到最好。因此，你越是能控制自己对高度焦虑的表达，你的孩子就能表现得越好。（你和孩子可能也会感觉更好。）一些有效（而且免费！）的方法能帮你管理焦虑，包括离开当下情境几分钟；睡个好觉；定期练习冥想；享受体育锻炼；关注你能控制的事情，而不是你无法控制的；不要把孩子的行为当作针对你个人的；向一个冷静、可靠的同伴分享你的感受。

7. 倾听其他可靠的成年人

你的配偶、伴侣、亲属、同事、密友或心理治疗师都可能给你新的视角，帮你看到你对孩子生活的过度参与或参与不足。有时候，这样的反馈很逆耳，但所有父母都会时不时地忽视自己是如何育儿的。就像鱼（在理论上）不能理解"水看起来如何"，因为它们身处其中，我们也不能总是准确完整地回答这个问题——"我的育儿做得怎样？"所有父母都可以听听另一个成年人如何看待他们的教养方式，并且从中获益——无论这个成年人是不是父母。当然，你不必同意或遵循其他成年人的建议。（尽管如此，迎合一下来访的姻亲，直到他们离开，可能极好地拉拢你们的关系。）

8. 寻找更多自豪与快乐的来源

我们想过把这个策略叫作"找点儿事做"，但我们觉得讽刺意味太重，太不专业了。如果你想的话，可以把这本书扔到一边去。但是，当你几天之后重新捡起这本书时，我们希望你能意识到，除了孩子之外，所有父母都应该拥有其他自豪、快乐和自尊的来源，这一点非常重要。没有什么比你的孩子更重要。这是不争的事实。花时间在业余爱好、创业项目、社区服务、艺术追求、体育俱乐部或乐器上，能在你为人父母之余很好地丰富你的生活，这也是事实。除此之外，这些自豪、快乐和自尊的其他来源也为你提供了"减压阀"，能够让你减少过度参与，少给孩子施加其他不健康的压力。

第 13 章

如何减轻社会文化规范对孩子的伤害

● 转变 8：从服从社会文化规范到
以开放的态度支持孩子的发展 ●

在美国，大约 17% 的高中生在过去的一年里曾认真考虑过自杀，而自杀是美国 12～19 岁青少年的第二大死因 [1]。造成青少年严重心理健康问题的原因之一就是压力——服从社会和文化规范的压力；获得暑期工作、实习、团体领袖职位的压力；被同龄人接纳的压力；取得学术成绩的压力；最严重的是满足父母期望的压力。

你大概还记得，在图 4-1 中（我们希望你在第 4 章夹了书签），文化与传统是父母保护孩子的本能驱力要经过的第一个"透镜"。

因此，我们不是要谴责其他父母，或者让他们感到内疚，而是希望你能仔细地审视这个透镜。在对压力的社会文化来源有了更深入的了解之后，父母就能为支持儿童健康发展的地方性、国家性、全球性运动做出贡献了。我们知道每个父母都有独特的优缺点。因此，本章的目标是鼓励你利用自己的独特优势，减轻至少一种有害的社会文化压力——这种压力正在冲击你最关心的孩子。这就是转变 8 的内容。

种族、民族和文化压力

在我们参观过的美国、加拿大、英国、澳大利亚、南美和中国的学校、夏令营和其他青少年服务组织中，认同自己为黑人、原住民或有色人种的学生——只要他们身为少数族裔，都谈到过公然的种族主义和隐性偏见。有时，这些事情会发生在他们的祖国，有时会发生在他们的旅居国。例如：

- 黑人学生走在一座小镇的新英格兰式街道上，听到一些当地青少年在开车经过时大喊："滚回非洲去！"
- 拉丁裔青少年在美国政府办公室排队等候，后面的一些年长的白人称他们为"非法移民"。
- 澳大利亚原住民学生去堪培拉实地考察旅行时，在一家快餐店厕所的隔间里看到了乱画的"土著狗"。
- 加拿大东部的"第一民族"⊖学生说，他们捕龙虾的父亲曾被白人捕虾人用照明弹射击。

⊖　现今加拿大境内的北美洲原住民及其子孙，但是不包括因努伊特人和梅提斯人。——译者注

可悲的是，公开的种族主义和仇外心理每天都在伤害世界各地的孩子。不那么明显的，但更具破坏性的是那种阴险的、制度性的种族主义。塔－内西·科茨（Ta-Nehisi Coates）在《在世界与我之间》（*Between the World and Me*）里向他的儿子警告过这种种族主义，例如对黑人、棕色人种司机的歧视。在美国，尽管有许多优秀的、讲道德的执法人员，但对少数族裔的选择执法（例如少数族裔的司机被警察拦下来的可能性远高于白人司机）在美国各地都有明确的记录。[2] 为了避免、忍受这种针对少数族裔的骚扰，并从中生存下来，人们几乎需要始终保持警惕，这给少数族裔青少年承受的其他社会文化压力中又增添了巨大的、沉重的、无法逃避的压力。

最近，全世界都看到了美国执法人员对于少数族裔犯下的骇人听闻的暴力罪行，这些执法人员要么缺乏培训、装备不足，要么缺乏其他技能互补的专业人员（如社工）的辅助。尤其是警察对黑人实施的致命暴力激怒了美国内外的广大人民，让针对黑人的种族主义成了人们关注的焦点。需要明确的是，制度性的种族主义所造成的长期困扰并不是父母施加的压力。更准确地说，这是一种险恶的、否定一个人存在合理性的身份认同压力，而许多父母都对这种压力袖手旁观。我们在本章探讨这种压力，是因为少数族裔父母和孩子都感受到了这种有害压力，因为所有父母，尤其是那些有特权的父母，都有责任去理解并努力消除这种压力[3]。

有时候，父母不仅仅是旁观者。例如，当照料者鼓励少数族裔青少年漂白肤色，或者用其他方式屈从于不符合真实自我的身份表达时，那么种族、民族和文化的压力中就增添了明显的、有害的父母压力。请看生活在美国的菲律宾裔女士奥黛丽·诺布尔

（Audrey Noble）的自述。

我在 9 岁时收到了第一款（也是最后一款）美白产品。那是一块黑色的香皂，是一位从菲律宾过来的姨妈送给我的。在香皂的标签上写着去死皮、淡化黑斑、提亮肤色的承诺。"你太黑了，"她说，"这个有用。"我很困惑，但是作为一个尊敬长辈、孝顺的亚裔孩子，我笑着感谢了她。在姨妈来访之后，我在浴室里发现了这款香皂，我觉得这是一个明显的暗示，在告诉我应该开始用它。我记得那块香皂的泡沫很多，味道也很好闻，但无论我多么努力地每天用它洗自己，结果都是徒劳的：我没有变得更白。[4]

诺布尔说，在韩国、马来西亚和菲律宾，大约有一半的人在使用某种美白疗法。在印度（60%）以及尼日利亚（77%）等一些非洲国家，使用率甚至更高。[5]这种有害的压力是一门大生意。例如，在印度，美白产品占护肤品市场的 50%，是一个价值 4.5 亿～5.3 亿美元的产业。[6]然而，情况正在发生变化。有些非洲国家（如卢旺达和加纳）、日本和澳大利亚，都禁用了皮肤漂白剂，因为对其功效的研究往往缺乏定论，而且其中的许多成分都相当危险。[7]白人青少年通常不会感受到这种身份认同压力，但许多少数族裔青少年都会从媒体、同伴和父母那里感受到这种压力。（白人和少数族裔青少年都有的、基于皮肤的身份认同压力包括：长没长青春痘、有没有头皮屑，以及面部肤色是否均匀。每种皮肤病背后都有一个利润丰厚的产业。）关于父母给的压力，诺布尔写下了下面的文字：

- 最近我问了我妈关于美白香皂的事情。虽然她承认她当初应该把那块香皂扔掉，但她坚持认为姨妈是好心。"你的肤色不应该成为你前进的阻碍，但你知道现实情况是怎样的，"她说，"家人总会想尽一切办法帮你争取公平竞争的环境。"

浅肤色往往是特权的标志，即便在肤色较深的民族中也是如此，这种现象叫作肤色歧视。有时，肤色歧视是反过来的，肤色深的人比肤色浅的人在群体内更有地位。比同伴肤色浅的黑人学生或混血亚裔学生在试图加入大学的同族团体时，常常被告知"你不够黑"或者"你的亚裔血统不够"，因此不能加入。尽管种族是人造的概念，但肤色依然常是世界各地的偏见成因。有趣的是，肤色浅有时也毫无意义。1991~2001 年的南斯拉夫战争表明，浅肤色并不总能使人免受暴力和种族间的歧视。事实上，历史上的大屠杀都曾利用民族、宗教和国籍以及种族来为歧视与死亡辩解。历史学家和社会学家提出了一些令人信服的观点：恐惧、贪婪、无知、自然的异化以及经济危机促使我们做出群体内外之别的划分，而群体的划分导致了偏见、歧视、奴役和冲突。[8] 也许人类最为旷日持久的斗争，就是努力承认我们拥有共同的人性。我们的进展缓慢而不平衡，要做的还有很多。为了避免系统性的种族主义和全球性的冲突等话题让你不堪重负（就好像教养本身还不够累人似的），我们现在回到更容易控制的话题上，即父母施加的压力，以及你能做些什么来避免有害的社会文化影响。

父母也承受着巨大的压力

并非只有年轻人才会在巨大的压力下表现不好。许多父母也承受着巨大的职业压力。[9] 许多人会感受到来自其他父母的竞争压力，不断地制订策略，帮助孩子获取他们认为有限的资源。如果你想一想你身上的压力，而不是孩子感受到的压力，回顾第 3 章的图 3-1 可能会有所启发。请记住，图 3-1 显示了父母施加压力的七个维度，因此社会文化压力不在其中。但是现在你知道了，这些压力既可能是健康的，也可能是有害的，父母承受的压力也是如此。例如，如果孩子的父母是传统上不被重视的少数族裔，那他们就可能发现自己处于类似这样处境里：需要始终对种族、民族、文化、法律等方面的歧视保持警惕。对于所有父母来说，任何不健康的社会文化压力都可能造成巨大的痛苦，可能损害教养的质量，进而放大孩子身上的有害压力。如果父母状态不佳，就更有可能直接对孩子施加有害的压力，有时甚至父母自己都没有意识到这一点。如果父母心理负担过重，他们保护孩子免受外部有害压力的能力也较弱。幸运的是，我们能彼此关照——那些听从内心声音的照料者组成了一个全球性的社区，他们的支持不仅能帮助我们自己的孩子，还能帮助更多的人。

请把你为直系亲属以外的社区健康和福祉所做的每一件好事，都看作减少有害压力的贡献。你的无私（思想、言语和行为）能帮助其他父母成为最好的自己，进而帮助他们的孩子，最终也帮助了你自己的孩子。有意思的是，父母促进孩子积极发展的本能，并不总会表现为直接的亲子互动。有时，为了保护我们的孩子，我们要尽力减轻其他父母可能承受的压力。这种说法似乎有些矛盾，尤其是在竞争激烈的社区与文化中。

想想狐獴的例子吧，这是一种生活在干旱非洲南部的獴科动物（并且因为《狮子王》中丁满的有趣形象而出名）。狐獴的利他行为，有时会被人误解为自我牺牲的无私。当其他狐獴在觅食的时候，有一个成员（即哨兵）会站岗，并且当掠食者靠近时，就会向同伴发出警告。似乎报警的工作会让哨兵狐獴处于极大的危险之中，可能会被掠食者盯上并吃掉，更不用说它们无法觅食，所以有可能挨饿。然而，生物学家观察发现，哨兵狐獴会在吃完东西之后放哨（所以它们吃饱了），而且它们是率先躲避掠食者的狐獴（因为他们会首先看到掠食者）。[10]与传统智慧的看法不同，哨兵狐獴的利他行为并不会让它们付出高昂的代价。事实上，这种做法对所有狐獴都是有利的。[11]同样地，父母减轻有害社会文化压力的努力，既能让社区受益，也能让他们自己受益，还能让每个人的孩子受益。

父母传递下来的压力

要为孩子的权益发声，促进他们的最佳发展，就需要用上本书中的所有工具，还要发扬你重要的家族传统，构建你的社会支持网络，并积极地反对种族主义、性别歧视、对差异的恐惧、有害的外貌标准，以及其他有害的偏见和歧视。尽管这种斗争很难，但值得每一位父母量力参与。我们越是坐视社会文化压力影响我们健康的教养方式，这些压力就越有可能损害孩子健全的自我概念。

尽管上面的话说得又对又漂亮，但我们承认，对于每个父母来说，对孩子表达无条件的爱有时是困难的。我们也治疗过很多受到忽视、排斥和虐待的孩子，知道有些父母在照料孩子上面临着极大的困难。导致孩子受到虐待的原因常常是精神疾病和生活逆境，而不是恶意。看看安迪的例子。

"我在休学期间学到了不少东西。"安迪说。距我上次见到他已经有一年了，但就在一个月前，我们打电话讨论过他是否准备好了回到寄宿学校。

"今年夏天很明显的一点是，"我说，"你在压力应对方面成熟了很多。"

"做什么都比割伤自己好，是吧？"安迪笑着说。我也对他笑了笑，我知道他在家里接受心理治疗有多辛苦，因为他还要忍受父母频繁的争吵。

"我记得你有多担心回家，也记得我认为你该休学时你对我有多生气。"

"最后一切都好，T博士，你知道的。我大概比你见过的任何一个学生都需要休学。"安迪脸上仍然挂着微笑，但我看得出隐含的问题很严重。

"你需要休学，没错。但我没法把你和其他人比较。我承认，我很担心你回到卡尔顿和父母一起住会发生什么，在那儿你没有哥哥们的支持。"

"那儿像地狱一样，真的。"安迪说，脸上的笑容消失了，"我妈妈曾三次把我赶出家门。"

"什么？真的？你知道你可以打电话找当地的治疗师……或者打电话给我……我们可以帮助你。"我真的很震惊，因为安迪的父母都保证他们会支持安迪的抑郁症强化治疗。

"哦，对了。你忘了我的情况，T博士，我大哥是家里的骄傲，我二哥就像我父母的养老金，而我连个养老金都算不上。每次我妈把我赶出家门，她都说得明明白白，我是个经济负担，只会给他们带来耻辱。在我家里，你不能做个只拿C的学生，更别提还是个得抑郁症的C类学生。你知道吗，有一天我告诉我妈我想自杀，她竟然对我大吼，说我这么说只是为了让她感到内疚。"

我们很难不去评判安迪的妈妈。她给安迪的有害压力不仅仅是为了让安迪变得更好，而是为了让他成为另一个人……也许是为了让他根本不要待在家里。一个年轻人该如何在这样的压力下生存下来？我们需要回顾一下图 4-1，这幅图描述了父母保护孩子的本能是如何发生转变的。

安迪之所以能活下来，是因为他知道了他妈妈的家庭历史"透镜"里有些什么——这些因素严重损害了她保护安迪的本能。在安迪休学的三个月后，母亲对安迪进行了最为恶毒的一次言语攻击。在这次攻击中，母亲透露了她自己的父母因为社会地位和经济保障而向她施压，迫使她嫁给了安迪的父亲。然后她声称，安迪的父亲坚持要求她放弃自己的事业，去抚养两个孩子。她声泪俱下地坦言，在她提出重返职场的那天，安迪的父亲强迫她要了第三个孩子——安迪。这时安迪有生以来第一次明白，他母亲爱他，但他对于自己在母亲心中代表的东西耿耿于怀。他的存在就像铐在母亲脚踝上的脚镣，代表了文化赋予父亲的支配地位，以及父权对她的职业愿望与梦想的践踏。无论安迪的母亲能否改变她自己的生活，她的分享都实实在在地拯救了安迪。也许有些父母读了这个例子，就可以通过分享"家庭历史"的故事，来减轻孩子身上的有害压力。

社会经济地位带来的不健康压力

尽管有些心理健康与行为问题在高收入家庭中更为普遍，[12] 但低收入家庭的孩子更容易出现一系列问题。[13] 很大程度上，这是因为与收入低于一定水平的父母相比，收入高于该水平的父母可以为孩子购买到更多的资源。像营养食品、优质医疗保健服务（包括心理健康服务）、优秀的教育机会（包括 2004 年残疾人教育改善法案中的服务）以及课外活动这样的必需品和资源都需要花钱。尽管金钱买不来幸福，但的确能换来与幸福有关的支持与机会。相反，难以供养家庭的父母会承受经济上的压力，这种压力会进而导致父母心理健康、人际关系和教养质量上的消极变化。一般而言，家庭可支配收入的减少是影响儿童心理健康的一个风险因素。[14] 从狭义上讲，一个家庭的社会经济地位对于父母给孩子的压力有些不同寻常的影响。

第一，一旦家庭的社会经济地位足够高（在贫困线以上），可以提供良好的营养、医疗保健、教育和课外活动，更多的收入就与更高幸福水平无关了。[15] 在高收入水平下，能够增强幸福感的是积极的态度，比如对自己拥有的东西心怀感恩，而不是对自己没有的东西心怀嫉妒。[16] 如果父母传达出这样的信息——家庭成员的个人价值与他的银行存款挂钩，那他们就在无意中给孩子施加了不健康的压力。像"我相信当老师很有意义，但工资太低了""我知道你可以主修法语，但我不知道你毕业后工资能拿多少"或者"你朋友是不是找了份有六位数工资的工作？这就是我所说的成功！"这样的话都把好坏与富裕与否等同起来了。像"比尔·盖茨身价超过 1150 亿美元"这样的表述只会强化"金钱等于价值"的观念。这两者并不相等。所有父母都必须帮助孩子明白这一点。

第二，社会经济地位既能阻碍也能帮助父母对教养的参与。在许多社会经济地位垫底的家庭中，常有一位或多位父母从事两份以上工作。对于陷入这种困境的父母来说，去看比赛或表演、出席家长会、帮助孩子完成作业都是难以企及的奢侈。另一种极端的情况下，有些富裕的父母可能因为太忙或太不苟言笑，不能用健康的方式参与孩子的生活。出于不同的原因，在社会经济地位的两端，父母都会施加不健康的压力。为了更好地理解这些原因，未来考察社会经济地位与不健康压力的研究必须考虑父母参与的强度与父母的期望。例如，我们的临床经验表明，即使父母没有明确表达他们的期望，一些社会经济地位较低的孩子也会感受到巨大的压力，渴望得到高收入的工作，从而提高家庭的社会经济地位。一些高社会经济地位的孩子也会感到必须找到高收入工作的巨大压力，这样他们才能维持家庭较高的地位。

不论社会经济地位如何，父母都能通过这种方式减轻不健康的压力（有时还能减轻未说出口的压力）：坦诚地告诉孩子，一个人的银行存款不能衡量他的成功或价值。父母也可以做出表率，表达感恩，即便是为生活中的小事感恩。无论社会经济地位如何，父母都可以以身作则，潜移默化地引导孩子，这种方式可能比只谈论核心价值观更有力量。下面有一些问题可以帮助你评估自己在金钱和地位问题上以身作则的能力。

- 当你和亲戚在一起时，你会像谈论名牌产品、最喜欢的电视节目或名人趣事一样，充满爱意地谈论孩子的品格吗？
- 当你和朋友在一起时，你是否会像谈论别人减掉的体重、衣服、发型、鞋子、汽车和其他财产一样，赞赏孩子的善举？
- 当你和孩子在一起时，你是否会像玩手机、查短信、回电话那样，花同样多的时间与孩子谈论他们的一天过得怎样？
- 当你和青春期孩子讨论选择学校、大学专业或职业抱负的时候，你更关注他们的热情所在还是他们的赚钱能力？

　　如果我们诚实面对自己，我们都能想到，在某些情况下我们都会把一个人的价值与地位或某物的价格联系起来。广告商是出了名地善于强化这种虚假的联系。尽管物质世界里有许多值得欣赏的地方，但我们可以有意调整我们在身外之物上花的时间，以及我们对于这些事物的言论。这样一来，那些对我们最重要的人就能始终清楚，他们为什么对我们重要。如果我们爱人多过爱物，我们就能减轻一些不断折磨孩子的社会压力和同伴压力。

不同层面的压力

　　"交叉性"（intersectionality）是一个现代社会学术语，指的是一个人身份认同各方面的重叠。[17] 这些方面的重叠能制造出独特的特权与歧视体系。例如，约哈维是一个拉脱维亚裔犹太移民。要了解她在得克萨斯西南部一所公立学校的经历，就必须先考虑她的民族、移民状态以及地理文化背景等各方面的交叉性。确实，这些因素很复杂，对于约哈维来说也是如此。不过，要大致说清她父母怎样才能给她健康的压力，避免有害压力，就不那么复杂了。

　　和大多数青少年一样，约哈维会受到一些同伴的压力，迫使她去尝试酒精、接触异性、追随她所处时代与地方的潮流与媒体热点，并接受同伴对于学校的态度。约哈维的父母与她谈论这种同伴压力的方式、他们对家庭所处环境的态度、他们对她身份认同交叉性的接纳程度，以及他们能否理解她的生活经历与他们不同，都会导致健康或有害的压力。我们都记得年轻时承受的社会和同伴压力，但我们的孩子正在感受着截然不同的变化。我们可以用案例来阐明这里所说的交叉性。

　　想象一下，约哈维的父母总是焦虑地谈论她父亲的非法移民身份、被驱逐出境的威胁，以及对移民与海关执法局可能拆散他们家庭的恐惧。他们会不知不觉地增添约哈维的压力，让她不要惹麻烦，以免让自己的家庭引起太多注意。这样可能会导致她社交孤立，让她感到孤独。如果母亲一直问她"你在学校遇到过优秀的犹太男孩吗"，她就会在不知不觉间增加约哈维的压力。这可能会让她感到沮丧。如果父亲经常对她叨念具体的、高风险的目标，比如"只要一直得 A，你就可以进医学院了"，那他就会在无意间增加约哈维的压力，让她觉得必须学习到深夜，忽视自己对于机器人的爱好。这样可能会让她感到焦虑、不满足，甚至绝望。

　　正如约哈维的故事所示，社会压力是复杂的，因为身份认同有许多重叠的方面。有时，社会压力会让人觉得难以处理，让孩子、临床工作者和照料者都感到无助。更让父母感到无助的是，父母并没有制造或放大孩子所感受到的许多社会压力。然而，父母可以通过两种方式减少他们对有害社会压力的助长：①对成功下一个宽泛的定义；②提出发人深省的、开放式的问题。

　　回顾前面约哈维父母的话，你就会发现他们对成功的定义是多么狭隘。如果约哈维想嫁给一个犹太男子，能够取得优异的学业成绩，进入大学，从医学院毕业，成为医生，那她就是成功的。当然，与此同时，她必须与不良的同伴压力、时不时的性别歧视做斗争，要处理好有关父亲公民身份的焦虑，还要压抑对机器人的热爱。

约哈维的母亲善于观察，很关心她，但同时也很要面子，不知道她内心的挣扎。他们发现约哈维常常闷闷不乐，但他们认为这只是因为她在学校努力学习、疲惫不堪——这是他们经常表扬她的一种行为。可悲的是，他们不知道约哈维有多么孤独、沮丧和焦虑。他们也不知道自己在多大程度上助长了这些消极情绪。大多数父母不了解孩子对这个世界的感受，因为他们从不去问——也许这是因为他们担心孩子的回答会让他们很难受，也许是因为他们担心自己与孩子的情绪有关。

在第 11 章中，我们说有效的提问是开放式的、关注想法与感受的。（请记住，随意的、实质性的提问，以及许多简单的、"是与否"的提问通常都不太有效。）当然，父母提出的好问题并不总能得到孩子的回应。如果你能温柔地坚持提问，孩子最终会做出回应，告诉你他们在生活中的社会文化体验——例如有关同学、队友、老师、教练、店员、雇主和警察的事情。孩子甚至还可能和你谈他们的爱情生活。（大概不会，但你总能保持希望。）

帮孩子积极应对来自不同层面的压力

年轻人承受的民族、文化、经济、社会和同伴压力来自各种渠道：例如，社交媒体和其他网站、学校走廊和更衣室、商场和电影院、公园和人行道。这些压力也会来自其他地方。但是，无论孩子在哪儿与同伴玩耍，都会遇到两种放大压力的因素：①广告的存在；②成年人的缺位。父母虽然对压力来源的影响微乎其微，但我们确实能控制自己的行为。因此，在本章的结尾，我们提供了 10 种方法来应对所有来自互联网的，以及来自孩子一起玩耍的非虚拟空间的有害压力。

- **记住美好的事情。** 年轻人在与同伴互动时，很多体验都是健康的。父母对社交媒体、电子游戏和流行文化的其他方面的广泛批评，只会让孩子疏远父母，阻碍父母讨论并理解孩子所接触到的信息。（见下一条建议。）此外，科技进步和无处不在的社交媒体让人不断地与他人进行比较，这种比较常常让人感到痛苦。因此，所有年轻人都需要一个值得信赖的成年人不断地鼓励他们超越自己，而不是打败别人。（见第 7 章。）如果父母能真诚赞扬孩子的亲社会行为和个人成就，所有年龄段的孩子都能获益。

- **讨论媒体上的内容。** 你可以问问孩子他们是如何与同龄人相处的，并问问他们接受和传播了哪些信息。尤其重要的是要讨论广告。你可以提一些开放式的问题，比如："你在广告中看到过哪些产品？""这家公司想要传达什么信息？""这则广告所暗示的最有价值的属性是什么？""这条信息让你有什么感受？""要成为像广告里的人，或者购买你看到的那些东西，让你和你的朋友感受到了什么压力？"以及"这则广告暗示，如果你使用这个产品或服务，就会发生什么？"根据我们的经验，在不同的、放松的情况下，时常随意地问这些问题会更有效。直接说你想和孩子坐下来谈谈他们正在接触的媒体，通常你会导致孩子沉默不语。

- **尊重文化差异。** 在两种以上文化中生活的父母和孩子，能体会到许多丰富的文化差异。他们也会感受到价值观冲突的压力。如果父母注意并尊重语言、肢体接触、礼貌、管教子女、人际关系和艺术的文化差异，就不太可能用强迫的、伤人的方式，将原籍国的价值观和传统强加于人。在同一国家、文化、家庭之中，不同代人对文化传统的态度可能截然不同。这种差异可能导致父母批评或完全排斥孩子的恋爱选择。当然，你可能认为孩子的选择是不尊重传统，就像孩子可能认为你的谴责是不尊重他一样。

- **限制课外活动。**所谓过度劳累，就是指一个人相信"能做的事，就必须要做"，导致他需要应付的事情过多。[18] 大多数优秀的学校不限制课外活动，所以父母必须和孩子讨论合理的限制。过远的上学路程、繁重的日程安排、睡眠不足、学习时间不足、玩耍时间不足、痛苦的取舍，以及过度劳累导致的其他后果，都会给亲子关系带来巨大的压力，破坏你试图给予孩子的重要支持。

- **制造机会并鼓励孩子与同伴共享闲暇时光。**真正亲密的关系是抗逆力、幸福感和最佳表现的主要来源。[19] 孩子除了要与你有平静的面对面交流，还需要和朋友在一起玩耍。[20] 安排这种玩耍的机会很简单，比如和其他孩子的父母谈谈，找出不同家庭可以聚在一起的时间；也可能很复杂，比如与孩子一同讨论、提前几周为孩子和他们的朋友安排一些相聚的闲暇时光。不管需要付出什么努力，也不管这样让你感觉有多不自然，聚在一起的闲暇时光比不断在社交媒体上进行肤浅的互动更健康。

- **重新给成功下定义。**问问自己，你是如何定义孩子的成功的。你的定义越狭隘，失败的后果越严重，孩子承受的压力就越有害。请反思你之前所说的话，考虑更广义的定义，专注于努力与发现。请把你对成功的最新定义与孩子分享。你可以先和孩子谈谈你过去的定义，再与孩子讨论你对于成功的新看法，比如："我知道，我过去常说你有多想上我上的大学，但我越想越觉得，这是你的求学经历，不是我的。没错，我的母校的确经常出现在媒体上，但很多其他学校也是。一所学校是否被杂志文章提及，你的同学是否都在申请这所学校，你以前是否听说过这所学校……这些东西都不如学校是否适合你重要。我只想让你拥有一段充实的经历。"

- **找出自己的改变方向**。再看看图 3-1，对这七类压力做一些诚实的自我反思。请记住，这七类压力既可能有害，也可能有益。例如，你可以问问自己对于竞争的看法和感受。竞争是激烈的、火药味儿十足的，还是友爱的、合作的？你的观点与孩子接触的媒体和文化习俗是否一致？你对控制权的态度如何？控制权应完全属于父母，还是能与孩子分享的？你该怎样兼顾自己的家庭传统，以及与孩子年龄相符的决策方式？想一想，在图 3-1 中的所说的那些方面，你能做出哪些小小的、健康的改变？这就是一个很好的起点。

- **清洁你的"透镜"**。回顾一下图 4-1，请真诚地分析一下你保护孩子的本能所产生的强大能量。当这股能量穿过文化与传统、家庭历史、个人身份认同的"透镜"，以及气质与人格的"棱镜"时，它发生了哪些变化？有哪些家庭以外的因素支撑着你的教养价值观？哪些因素会削弱或扭曲这些价值观？有些来自父母以外的压力可能无法改变；还有些压力是可变的，我们在本章的前面已经讨论过这一点。想一想你能增添、改变或消除哪些因素，以便帮助你成为更好的支持型父母。别忘了狐獴的启示。你对你的大家庭、邻居、孩子的学校以及更广大社区产生的积极影响，总有一天会回馈给你和你的孩子。

- **放下偏见**。父母可能在发表评论或提问时带有一些偏见，从而在无意间施加了有害的压力，例如"我想等你上了大学、结婚生子后，你就明白我的意思了"或者"你要和苏茜一起去毕业舞会吗"。你能发现这些话里根深蒂固的偏见吗？其实你可以尝试用没有偏见的方式说话，比如"我想，等你有了更多的生活经验，你就能明白我的意思了"或者"你打算和朋友一起庆祝吗"。如果你觉得其他成年朋友和亲属的话带有偏见，也可以稍微纠正一下。例如，下次谢默斯叔叔或波莉姨妈问你儿子"有女朋友了吗"或者问你女儿"有男朋友了吗"，你就可以站出来说"谢默斯叔叔想问的是，你谈恋爱了吗"或者"波莉姨妈的意思是，你的社交生活里有没有什么新鲜事"。

- **拜访其他父母**。社会文化压力，尤其是那些由歧视、创伤、贫穷、优秀学校所带来的压力，会让父母难以独自面对。你可以与其他父母聚在一起，给予和接受共情，分享健康育儿的想法，或只是在一起放松，这样的社会支持能让你恢复活力。[21]只要充满"电池"，你就会成为更好的父母，能够给压力重重的孩子给予极大的支持。

改变你给孩子的言语、非言语和关系压力，是这本书的中心任务；我们在前言中也已经承认，这是一项艰巨的任务。你已经读到了第 13 章的末尾，这表明你对这项任务已经下了坚定的决心，即使要承受在家庭之外的社会文化压力也是如此。在下一章，我们会提供一些总结性的、具体的指导，告诉你如何做到我们所说的 8 种教养转变。

第 14 章

督促孩子的技巧

是什么因素让父母保护孩子的本能变成了有害的力量？是父母对高风险结果的狭隘关注。在世界各地，许多慈爱的父母都说机遇是稀缺的，竞争是激烈的，完美是重要的，他们在无意中给孩子带来了痛苦。父母紧迫的语气、侵扰性的控制，以及用物质财富来代表个人价值的言行，都强化了有害的压力。其结果是，一批年轻人备感焦虑、抑郁、缺乏动力，与父母的意愿恰恰相反。可悲的是，有些年轻人非常痛苦、羞耻、绝望，最后结束了自己的生命。[1]无论我们做了哪些适得其反的努力，造成了孩子的痛苦，我们都有责任消除这些影响。当然，在孩子成长的过程中，还有其他因素在起作用——有些因素甚至比亲子关系还有影响力。我们希望这本书能鼓励所有父母在力所能及的情况下，为孩子的健康和幸福贡献自己的力量。

不要把一切都归咎于文化

将所有有害压力都归咎于当代文化趋势是愚蠢的，因为我们无法惩罚文化，或者教文化做出改变。许多非小说类的书把一切问题都归咎于文化。事实上，这些书犯了最老套的错误，凭空树了一个靶子来打。但是，这些书能出现在书架上是有原因的：指责文化很有销路，因为指责文化既安全又容易。这种书既容易写，也容易读。把责任从我们个人身上转移开，指责某些宏大的、与个人无关的、带有阶级和种族主义性质的东西，能让我们感到安全。

在写作本书的时候，我们有意避开了这个陷阱，不将压力给孩子带来的痛苦完全归咎于文化。没错，我们在上一章专门讨论了如何弥补社会文化压力造成的损害。毕竟，父母是文化与孩子之间最有力的"减速带"，所以我们有责任筛选和理解孩子所接触的东西。此外，我们还有责任消除偏见、歧视和虐待，所有这些都会增添有害的压力。本书的其他章节都直接关注父母，因为我们作为孩子的主要照料者，是最有能力施加健康压力，引导孩子走向健康的人。

从压力型父母向支持型父母转变的关键

要给孩子施加健康的压力，你就要接纳三个核心概念——每一个概念都揭示了一种让你从压力型父母转变为支持型父母的关键。

1. 高压力并不能提高表现

与普遍的看法相反，[2] 如果超过了一定的限度，再给自己更多压力，或者承受更多外界压力实际上有损于表现。[3]（这一现象正是亨德里《高效抗压行动法》一书的主题。）如果父母拒绝承认这些科学发现，他们就会陷入表现悖论，变成压力型父母。相反，我们可以通过以下这些方式转变为支持型父母。

- 强调坚持不懈的努力，而不强调具体的、"不成功，便成仁"的结果（转变 1）；
- 鼓励孩子超越自我，而不必打败他人（转变 2）；
- 在与孩子谈论他们可以成为什么样的人时，要持开放的态度，允许无数种可能性存在，而不要坚持少数几种、符合简单分类的、传统的可能性（转变 8）；
- 和孩子一起畅想他们在教育上、职业上的选择，而不仅仅讨论那些全世界都认可的少数选项（转变 8）。

2. 父母懂得最多，但不是什么都懂

如果你想了解更多的东西，就必须提问。如果要了解孩子的内心世界，你就必须提问。如果要知道你是否侵犯了孩子的空间，你也必须提问。如果要充分了解孩子的真实身份认同，你仍然需要提问。

如果父母相信直觉和经验会告诉他们需要知道的一切，如果他们认为自己懂得最多，已经不需要提问，那他们就会陷入目的悖论，变成压力型父母。相反，我们可以通过以下这些方式转变为支持型父母：

- 表达真诚的共情（转变 3、4）；
- 倾听孩子说话的潜台词（转变 5）；

- 用表扬、批评和提问来谈论想法和感受（转变 6）；
- 询问孩子对于我们的教养方式有何感受（转变 7）。

3. 你的过去不是孩子的未来

我们都为父母这个身份带来了传统、创新、成功、失败以及创伤（有些人）。我们也会带来文化与身份认同的其他方面，比如种族、国籍、民族、浪漫吸引类型，无论我们的生活经历和身份认同让我们倾向于成为压力型父母还是支持型父母，最后的结果其实在我们的掌控之中。

我们不能改变过去、改革文化，也不能选择身份认同的核心部分。然而，只要下定决心，我们就能决定把自己身上的哪些部分融入日常的教养之中，而哪些部分可以不带入教养——在大部分情况下能做到。有些弗洛伊德所说的无意识冲突会出现在所有的亲子关系里。当然，弗洛伊德的这部分理论是不可证伪的，也就是说，我们无法证明它是错的。如果我们说："是的，弗洛伊德是对的。我之所以这样对待孩子，可能是因为一些无意识的冲突。"那弗洛伊德就是对的。如果我们说："不可能。我的教养方式不是由意识之外的过往关系因素导致的。"那弗洛伊德就会说我们在否认，而他又是对的。（也许我们应该给本书写一部续篇，叫《成为我的父母》。等我们把那本书的电影改编权卖掉，有人能把它拍成低成本恐怖片了。）重点在于：无论精神分析理论是否正确，你都可以对自己的教养方式做出有意识的决定。

如果你能接受这三大概念，你就成功转变了教养的思维方式！下一步就是开始我们在前面讲述的八大转变。当你用习惯的方式读完本书之后，我们鼓励你在接下来的八个月里，每个月专注于一种不同的转变。你可以在月初复习相应的章节，然后督促自己每天多向支持型父母的目标迈进一步。经过大半年，你就能让自己转变成比自己想象中更有成效的父母。最棒的是，孩子的健康和状态会有显著的改善（但不会快到让他们怀疑你做了什么）。

让孩子遵守规则，做一个令人尊重的人

在成为支持型父母之后，大多数父母考虑最多的问题就是如何帮助孩子在压力下表现良好。这是一项了不起的生活技能，大多数超级英雄都认为这才是他们超能力的前提。（很难想象超人会因为世界的命运危在旦夕而惊慌失措。）所以，请看我（亨德里）和 J. P. 保利・弗雷（J. P. Pawliw-Fry）合著的"CEO 行动指南"基础上改写的诀窍。首先，请看事实。

一个人的表现不可能超过他的最佳水平。如果你孩子在 100 分的模拟考试中考了 75 分，那他可能在真正考试时考 80 分。但是他不会得 97 分，除非他作弊。你现在已经知道了，大多数人在压力下会表现得更差，而不是更好。[4] 在高压力的情况下，真正会发生的情况是，人们会惊慌失措，表现得比最佳水平差得多。因此，如果你想让孩子拥有优势，那就不要教他们如何在巨大的压力下做出一些惊天动地的壮举。相反，要教他们如何在重要的时刻，始终如一地达到或超越自己一直以来的最好水平。在压力下表现良好，最重要的就是不要惊慌失措。

此时我们要告诫父母：家长必须接受，孩子的最佳水平可能不足以达到某个特定的目标，比如赢得器乐比赛、进入某所顶尖学校、打破州纪录或者发表他们自己的作品。还有些时候，孩子的

最佳水平原本足以达到某个特定目标，但还有其他因素会产生影响，比如学校管弦乐队大提琴手的空缺名额、工程专业学生的新生录取比例、运动队到外地比赛的资金限额，或者某位编辑对海洋小说选集的征集理念。

例如，想象你的孩子向一本文学杂志提交了一篇原创短篇小说。你和她的英文老师都认为这篇小说是富有创意的杰作，但杂志却拒绝发表。责怪杂志编辑（"那些傻瓜！"）、怀疑英文老师的判断（"她只是跟我们说好听的话！"），或者改变你对孩子天赋的想法（"我以为她是个不错的作者"）都很容易，但这些想法可能都没有抓住重点。想象一下，假如那个月杂志编辑另外收到的三篇小说也同样出色，其中一篇还涉及了以前从未有人写过的主题。编辑经过了长时间的讨论，做了一个艰难的选择，放弃了几篇主题常见的优秀小说，选择了同样优秀但主题新颖的小说。每个人都尽力了。没有人应该受到指责。然而你的孩子没有达到预期的结果。还是说，他已经达到了？

如果你知道孩子已经竭尽全力，表扬他的努力就非常重要。（这一点强调得够多了吗？）同样重要的是，要抵制诽谤中伤他人的诱惑，除非你有第一手的证据。当你竭尽全力却不能实现目标时，感到失望是很自然的事情。然而，在这种情况下，父母可以说："我知道你很失望。我也很失望，但不是对你失望。我们失望的原因是你没能得到你想要的东西。至少是这次。听着，我们不知道导致这个决定的所有因素，但我们的确知道一件事——你已经尽全力了，这是件值得骄傲的事情。我知道这话听起来很烦，但坚持是有回报的。继续努力，你就可能有朝一日取得成功。"我们都曾指导过遭遇重大挫折的客户，从学生到 CEO 都有。我们帮助他们坚持努力，最终取得长期的目标。我们多次看到这些客户取得成功，他们也感到非常满意。

如果不说这种支持型父母的话（你可以说得比我们写得更自然），另外一种选择就是为想要的结果付钱，还有一种方式就是作弊。在"蓝色校园行动"中被起诉的父母为孩子就做了这两件事。抛开法律问题不谈，父母的舞弊对于孩子的自我概念会有极大的伤害，这一点再怎么强调也不为过。请看下面的案例。

明迪是美国西部一所精英中学的数学天才。她其他学科的成绩都很优秀，但数学是她的强项。她的家人希望数学能帮助她申请理工科大学。

明迪的父亲曾是一所美国顶尖大学的数学系助理教授，现在在欧洲一所国际学校任教。在他的鼓励下，九年级的明迪参加了学校的数学竞赛队，准备在毕业前的 9 月参加著名的国际奥林匹克竞赛。"这对你来说是决定成败的大事，明迪。"祖母提醒她。

在与学校数学队的其他成员上练习课的时候，明迪表现得很好。和她的队友一样，她也解不出来最困难的题。她的信心时高时低，但随着比赛的临近，她感到了越来越大的压力。无论是她的父母、另一位队长，还是升学顾问都说，这是她超越同龄人、以有利的优势提前申请首选学校的最佳机会，也是最后的机会。

在比赛前一周，明迪哭着给父亲打电话，哭诉说上一次练习测试那几道最难的题几乎不可能做出来。明迪停了一会儿，抽泣起来："那些结合了数论、代数和几何的题，我该怎么做才能得出正确答案？你得帮帮我，爸爸，否则我就上不了大学了。"

她父亲一念之差，放弃了道德的坚守。他说："我想我的确能帮上忙。"明迪吸了吸鼻子，清了清嗓子，听父亲讲述他的想法。她父亲有一个好友在协助管理国际奥林匹克竞赛。在这个朋友所在的时区竞赛结束时，离明迪的竞赛开始时间还有几个小时，他可以给明迪的父亲截一幅试题的图。

然后，如果父亲能解出这些题，他就能把答案发给明迪。如果明迪能记住答案，只要记住几道最难的、她解不出来的问题，她就几乎能得到最完美的分数。

"爸爸，万一我被发现了怎么办？"明迪问。

"没什么把柄，"她父亲说，"你只是在考前多学了一点数学知识。你已经花了这么多年学习数学，这只是再多学了一点。学的还是非常高级的数学。"

明迪和父亲实施了他们的计划，明迪获得了优异的成绩。事实上，优异到引起了学校另一位老师的注意，这位老师恰好也是明迪的指导老师。当这位老师暗示明迪可能在考试中得到了帮助时，明迪义愤填膺。"你说什么？"她质问道，"你是说我……"

"对我来说最难理解的是，"指导老师解释道，"你在竞赛第二天的第三题上没有给出太多的解题步骤。解出这道题所需的数学技巧远远超出了我认为你该有的水平。我想问的是，你解决这个问题靠的是不是自己的能力？"

当明迪告诉她父母，她的指导老师质疑她的学术诚信时，她父亲给校长打了一个电话，投诉这种指控的程序不正当，并一再坚称没人有任何违规行为的证据，只有怀疑。"你应该为她的好成绩感到高兴，"明迪的父亲坚持说，"这也为学校增光了。"

校长解释说，学校没有与国际奥林匹克竞赛组织的领导层有过任何接触，竞赛方面也没有提出任何异议。"但是，"校长补充道，"如果明迪有什么不当行为要告诉我们，现在就是最佳时机。如果明迪现在给出解释，而不是等到之后被发现，纪律委员会会从轻处理。"

明迪的父亲对女儿的品格和数学能力表达了绝对的信心。他补充说，他非常担心不实的指控会影响明迪上大学的机会。他向校长表示，他没有考虑提起名誉损害诉讼，但实际上他向校长说得很明白，他在做这方面考虑。

第二天，明迪的数学竞赛教练让她在练习结束后留下来，她的指导老师也参加了他们的临时会议。"你能在黑板上给我们演示一下你是怎么做出那最后一题的吗？"指导老师问道，给了她一份试卷原件。

"我在脑子里做的。"明迪说。

"没关系，"指导老师说，"如果你不想写出来，就给我们讲一遍你的解题步骤。"明迪试着讲了一遍，但她的解释和注解都站不住脚。她的教练和指导老师都在等她承认她在这道题上得到了某种帮助，但明迪坚持说她在考试时有了某种顿悟。

"竞赛已经过去很久了，我不记得当时究竟是怎么想的了。"她解释说，"在两个数学老师面前做题太让我紧张了。对不起……事实就是如此。"

明迪的否认，以及她父母对她的清白与出众才智的坚持，让数学竞赛教练、指导老师和校长都深感不安。但是由于缺乏确凿的证据，学校放弃了调查。

十年后，明迪获得了神经科学的学士和博士学位，她回来参加高中的第 10 次聚会。在内疚的折磨下，明迪找到了她以前的指导老师和数学竞赛教练，含着泪坦白了自己对国际奥林匹克竞赛组织的欺骗。

"过去十年里，我一直在向自己证明我有很好的数学推理能力。我父亲不愿和我谈那次竞赛的事情，所以我想我余生都会背负着我们共同作弊的内疚。但最糟糕的是，我永远不会知道我靠自己能不能取得现在的成就，这是我一生的悔恨。"

在帮助孩子如何在压力下超越自我之前，请先给予他们两大优势：①一诺千金；②个人成绩的表现应当准确反映个人的能力。当然，你可以帮助孩子准备考试、比赛和其他表演。的确，这是教养工作中最令人满足的部分，但我们必须遵守规则。没有哪次优异表现值得让孩子花上多年时间怀疑自己。作为父母，我们的责任是为孩子培养完全相反的东西：自信。

现在看看表 14-1。表 14-1 列出了我们为帮助孩子在压力下表现良好的最好建议。我们在重要性、机会、竞争性、完美的结果这些熟悉的维度之上，又添加了三个新维度：不确定性、责任与声誉、激励。为了让你的选项再多一倍，我们区分了两类行为，分别叫"事前行为"和"事后行为"。

当你比较表 14-1 中"有损于表现"列与"有助于表现"列时，你会注意到一些熟悉的主题。例如，如果父母把这次表现描述成高风险的、竞争激烈的、"不成功，便成仁"的事情，说得好像所有事情都取决于这件事的成败，这就必然会让孩子惊慌失措或彻底放弃。[5] 你还会在表 14-1 中看到一些新建议，这些建议来自一些研究。这些研究直接询问了孩子，他们父母在运动会、比赛、演奏会和其他重要事件前说的、做的哪些事是讨厌的，哪些是有帮助的。例如，大多数年轻人在练习或排练时都愿意接受指导和建议。然而，当父母在赛前给他们指令时，多数年轻人都会有不舒服的事前焦虑。[6] 对一个优秀的年轻网球运动员说"好了，现在你应该开始热身、拉伸了"，其实有损于他的表现。当然，父母是想帮忙，但小球员已经知道在重要比赛前的几小时里该做什么了。父母的那句话里透露出他缺乏信心。同样地，过分挑剔、极度消极，或把才能发展看得比孩子生活其他方面重要的父母也会损害孩子的表现[7]，导致孩子不喜欢这项活动。[8]

表 14-1　帮助孩子在压力下表现良好

压力的维度	有损于表现 这样对孩子说话会增加有害压力，提高惊慌失措的可能性	有助于表现 这样对孩子说话会减少有害压力，降低惊慌失措的可能性
重要性	"这是你生命中最重要的一次测试。" "你的未来全都取决于你这次的表现。"	"这是一次展示你能力的好机会。" "记住，这是一场音乐会，就像其他音乐会一样。"
机会	"这可是千载难逢的机会。" "你只有一次机会，让他们看看你的厉害。"	"这次锦标赛是一次展示你天赋的好机会。" "你还有一次参加州决赛的机会。"
竞争性	"参加这场比赛的每个人都杀红了眼。" "看看其他孩子，他们可不是闹着玩的。"	"紧张和迫切感能帮助你集中注意力。" "注意你现在需要什么。"
完美的结果	"如果你这次不能发挥到近乎完美，总还有些竞争没那么激烈、不那么出名的选择。" "只有 10 分才是满分，宝贝。"	"你发挥出自己的最好水平，我们就没有别的要求了。" "关键是要全身心投入。"
不确定性	"你觉得你学得够多了吗？" "你确定你的台词练熟了吗？"	"你为这次期末考试复习了很多东西。" "你练得越多，你就越有把握。"
责任与声誉	"让我们为你骄傲吧，孩子。我想发到网上去。" "就看你的了。大家都指望着你呢。"	"我们完全支持你，孩子。你肯定行。" "你知道怎么调动气氛。全力以赴吧。"

（续）

压力的维度	有损于表现 这样对孩子说话会增加有害压力，提高惊慌失措的可能性	有助于表现 这样对孩子说话会减少有害压力，降低惊慌失措的可能性
激励	"只要记住你多爱得第一就好。" "决不能忘记你为什么做这件事"	"玩得开心"或"玩得尽兴" （不说任何与长期目标有关的话。）
事前行为	提醒孩子他们已经知道的事情，比如"记得要鞠躬"	平静、安静地陪伴，以此表示与孩子团结一心，对他充满信心
	提出新的建议或任务要求，比如"再返场演奏一首巴赫的曲子"	保证演出的环境与内容尽量不出意外
	不停地口头评论，坐立不安，或者说一些不正确的话，比如"没必要紧张"	按照孩子的要求，帮他做好心理准备，无论是独处、安静地陪伴，还是热情地欢呼
	告诉孩子他需要什么，比如"你现在只需要深呼吸"	询问"你现在需要什么"，尊重孩子给出的任何回答
	下口头指令，比如"多喝水，这样你就不会脱水了"	安静地照顾好你所知道的孩子的需求，或者温和地指出任何必要的事情
事后行为	立即给予批评的反馈，很少或不谈孩子的参与过程	无论结果如何，表扬孩子的参与和努力，并等待提出批评的时机
	无论结果如何，表现出失望的面部表情和肢体语言	无论结果如何，表现出中性或积极的面部表情和肢体语言

在比赛、演奏会和表演之后，父母还有另外两个机会，来帮助孩子在下次的压力下表现良好。首先，等待提出建设性批评的时机。孩子勇敢地表现自己，是值得赞扬的。如果你突然给他们即时的、批评性的反馈，就会让他们在下次表现时更加焦虑。他们会预料到你事后的反应，这样会让他们更有可能惊慌失措。[9]此外，在重要事件之后，人们在生理上是高度兴奋的。无论是积极还是消极的反馈，他们都很难记住。

其次，不要表现出消极的肢体语言，比如表示"我很失望""我很生气"或者"这完全不是我希望的结果"的面部表情。父母在一次重要事件后可能会有各种想法和感受，而你应该尽量把积极的想法和感受表现出来。消极的可以等等再说。在一次令人失望的表现之后，孩子最需要的是得到这样的保证：你的爱是无条件的。你的陪伴、微笑、拥抱以及其他爱的表现，都能安慰他们，并很好地提高他们下次的表现。

帮助孩子在压力下表现良好

在一些重要的场合，比如数学考试、辩论赛、冰球比赛，一个人的脑海里会浮现出很多东西。大脑的不同区域会忙于各项任务，如自我监控（"我表现得怎么样"）、假设性思考（"我还记得接下来会发生什么吗"）、情绪表达（"这种感受表现出来应该是什么样的"）、社会参照（"其他人有什么反应"）、回忆（"关键点是什么"）、技能实施（"我该怎么做那件事"）、感官整合（"综合所有感官数据，此刻我所处的环境正在发生什么"），以及精细运动和大肌肉运动功能（协调动作，如书写、说话、击打冰球）。幸运的是，人类大脑大约有1000亿个神经元，每个神经元与其他神经元之间有大约3万个连接。人的意识与注意力用巧妙的方式将所有神经元的力量都调动了起来，所以我们不会问自己上面那些问题。对大多数人来说，考试、陈述论点或参加比赛都是可控的，甚至是愉快的事情。除非你惊慌失措。

为了防止惊慌，帮助孩子尽最大的努力，请尝试一下我们帮助孩子在压力下表现良好的最佳建议。

1. **及时检查自己的情绪**，这样你才能在事前以平静、稳定的心态陪伴孩子。我们把这条建议放在第一位是有原因的。

我们已经在第 8 章解释过，强烈的情绪是可以传染的。拧着双手说"我觉得我比你更紧张"，对孩子是没有帮助的。请处理好自己的心理负担，防止情绪感染影响你的孩子。比如，你可以向另一个成年人倾诉。

2. **为孩子做出表率，展现出友善或平常心。**你可以鼓励孩子说："我欢迎这个挑战"或"来吧！该我们上了！"也可以在事前几天说一些这样的话："这只是众多机会中的一个"或者"这只是一次考试（比赛、面试、运动会），不能决定我是谁，也不会改变内心真正的我"。

3. **提供感受压力的练习，**这样孩子就能习惯（不那么敏感）身体、认知和情绪上的反应，这些感受在重要的事件之前是正常的。帮助孩子适应压力的最有效方法，就是在那些类似重大事件的情境下练习。如果可能的话，可以在正式场景里花些时间练习。除了能习惯压力之外，孩子还能对这些正式表现的场景（运动场、游泳池、礼堂、冰场、舞厅、跑道或教室）产生积极的联想。

4. **在一两次练习中制造干扰。**这样一来，不管发生什么，孩子都能学会集中精神。与孩子合作，让他们在大声播放电视的情况下练习，或者在你手机上设置十几个闹钟，让他们在随机的闹钟声中排练或练习。在安全的情况下，还可以让孩子蒙着双眼，或者蒙着一只眼睛或捂着一只耳朵练习。

5. **教孩子自我安抚的策略，**这样孩子就能有几种应对巨大压力的健康方法。例如哼一首快乐的曲子；放慢呼吸，即吸气 3 秒 + 屏住呼吸 3 秒 + 呼气 3 秒 + 屏住呼吸 3 秒（这也叫正方形呼吸法）；说出房间里的东西（"这是一条红色的地毯。这是一支橙色的铅笔。那是一个蓝色的花瓶")。

6. **给孩子一个压力球**，让孩子用谨慎而有效的方式排遣过度的紧张。握紧拳头也很有效。对于大多数右利手的孩子来说，左手握拳能激活大脑右侧的运动皮层，有助于减少强迫性的、焦虑的自我对话（例如"这次我肯定考砸了"）——这种对话发生在大脑的左侧。[10] 如果这种方法看起来没有效果，就让孩子右手握拳。（对于有些人来说，像自我对话这样的语言功能区位于右侧颞叶，而不在左半球。）

7. **让他们写下自己的忧虑**，这样他们的工作记忆就能专注于任务。写下最坏的情况能让人感到轻松。有的孩子还喜欢把这些担忧读给父母或朋友听。大多数孩子都喜欢（在大人的监督下）把他们的"担忧清单"撕碎、揉成团或烧掉，表面他们已经抛弃了这些想法。（偶尔在日记里写下自己的忧虑也能有所帮助。在日记里只写忧愁，会让担忧变成习惯。）

8. **帮孩子减少自我关注**，让他们习惯观众的存在。让他们在练习时自拍一段视频，或者把手机放在柜子上或三脚架上录像。也可以让一名家庭成员坐在那里看他们练习。在表演之前让孩子增加自我关注，可以让他们在真正表演时减少对自己的关注。

9. **告诉孩子如何下载冥想应用程序**，这样他们就有一个可靠的方法来让身心平静下来。在这里所有的建议中，冥想需要的练习最多，但也是很多人使用较多的策略。还有一些优秀的网站和视频能提供冥想指导，供你和孩子一起学习。如果孩子或你们俩没有智能手机，你们就可以在家里用电脑或通过当地的图书馆找到在线的冥想教程。

10. **找到一个综合性的提示词**，这样孩子就有了一个心理锚定点。有了这个词，你就可以防止孩子去想最坏的情况。你可以让孩子闭上眼睛，想象他们表现最好的情况。然后让他们选择一个描述性的词或短语，例如"自信""优雅"或"熟练"，在想象自己成功的时候对自己说这个词。之后再说这个词，就能让人平静、增强信心。

11. **制订一套事前的例行安排**，这样孩子就能在重要事件之前的一两个小时里有一套熟悉的惯例。可预测性能让人宽慰，熟悉的惯例能让孩子把全部精力投入到当下的任务上，而无须做很多无关紧要的决定，让这些决定分散他们的注意力，影响他们的好心情。要知道，如果孩子有一套既定的事前例行安排，也能让你少给一些不受欢迎的指导。

在压力之下，年轻人可以用许多策略来保持冷静。我们邀请所有父母和孩子分享他们最喜欢的方法。

一步一步靠近目标

在保护孩子的本能驱使下，父母会勉励孩子走向成功的成年生活。在本书中，我们没有谈父母在勉励孩子时应该施加多大的压力。如果我们父母能找到正确的方式，就不会再关注压力的强度了。有些误导读者的文章标题可能依然会出现，比如《父母给孩子的压力太大了吗》，但对于父母、教育工作者、青年领袖来说，最好的问题是"如何施加压力"，而不是"施加多大压力"。我们回答了一个核心的问题：勉励孩子的最健康的方式是什么？还留下了 3 个深刻的问题。

- 我们勉励孩子的目标是什么？
- 要利用我们保护孩子的本能，还有哪些方法？
- 要帮助孩子承受生活中的诸多压力，最好的建议是什么？

问题 1 定义了成功，所以答案是因人而异的。父母必须敏锐地觉察图 4-1 所示的那些力量，并真诚地回答这个问题。问题 2 涉及了教养的方方面面——不仅是施加健康压力的问题，还有许多方面。也许你一辈子都在收集充满智慧的答案，但依然不知道你还能做些什么。自我怀疑是每个父母的"职业病"。如果你相信自己已经做到最好了，那就放心好了，孩子一定会坦诚地告诉你还有哪些不足之处。问题 3 有一个切实的答案：放眼长远。与其沉溺于"点赞"、粉丝、个人成绩、考试分数和虚荣，不如通过坚持核心价值观、秉持坚持不懈的职业道德、认真地照料自己和他人，一步一步地接近远大目标。

尽己所能做支持型父母

世界各地的父母如何定义成功，如何运用自己的言语、非言语和关系压力，都存在着很大的差异。然而他们的目标是一致的：激励和督促孩子进步。令人深感不安的是，尽管我们希望让孩子取得极大的成就和满足，但我们的做事方法可能会造成巨大的痛苦。我们在本书中的目标是解释这些适得其反的不同方式。

也许你还没弄明白，你并不是压力型父母或支持型父母。这里有一个秘密：我们两者都是，并且在尽己所能地去做支持型父母。现在你已经知道该怎么做了。当然，未来的研究会继续揭示父母在孩子的健康发展中起到了什么作用，但可靠的科学研究和临床经验已经为我们提供了大量实用策略。我们希望我们给了你动力和方法，让你更加擅长你所做的这件事。

结语

给父母与教育者的倡议

● 教育改革迫在眉睫 ●

在一个大城市的学区做完主题演讲后，一位家长问我的第一个问题让我有些惊讶，但对于礼堂里成千上万的其他父母来说，这并不奇怪："瑟伯博士，你谈到了不同的教学风格，但我认为问题不在于教学的方法，而在于多少。我们家有一个聪明、勤奋的中学生。她每学期都会参与一项运动，演奏一种乐器，每年参加一个社团，我妻子和我不认为她投入了过多精力。但是在大多数晚上，我们会让她 11:30 左右上床睡觉，而作为父母的我们会帮她完成作业。我们必须帮她，这样她才能睡个好觉。你怎么看这种事情？"

我想把脑海中出现的第一句话说出来，但这话只适合在我每年和三个儿时好友在华盛顿东部的黄松林深处露营的时候说。我罕见地（至少对我来说如此）控制住了自己的冲动，停下来思考片刻，并快速地询问了一些信息。

问：你女儿有没有任何学习障碍或注意力缺陷？

答：没有。

问：其他家庭也有这种经历吗？（大厅里传来一阵压低的笑声。）

答：有。

问：学校有没有公布家庭作业指南？

答：有。

问：老师布置的作业量经常超出作业指南吗？

答：是的。

问：她的老师对这个问题是怎么说的？

答：他们说，按照规定，他们布置的作业要涵盖一定的内容，既要符合国家/州的标准，也要为学生的标准化考试做准备——学生当然得考试才能进入大学。

问：学校领导怎么说？

答：他们支持老师。他们经常吹嘘有多少学生被顶尖大学录取，而学生的健康和快乐似乎并不重要。

听完最后一个问题的回答，我停顿了一会儿，希望脑海里能出现一个聪明的解决方案。然而答案并没有出现，于是我听从了自己常给别人的建议，先予以共情："我怎么想？我认为平衡孩子的健康和教育是很难的。我真希望你不必做取舍，因为健康和教育是相辅相成的。"礼堂里一片寂静，也许大家很欣赏我的同情心，但显然都在等我给出解决方案。

我接着说："问题的一个核心是高校的那些董事。"这听起来似乎简单得令人难以相信。这句话的主谓单复数不一致，让我莫名想起了米勒夫人。她是我九年级的英文老师。我结结巴巴地说："我是说，核心……根……根源……"然后我恢复了镇定："董事会负责战略规划。他们管理着大多数高校。他们影响了大学校长的政策，进而决定了院长和教职工对政策的实施。教职工里就包括科研主任与招生办主任。只要有竞争力的高校都把优秀的学术才华——以课程成绩和标准化考试成绩为指标的才华，作为最重要的标准，那么初高中教师就会一直觉得他们必须教授某些内容。"

"还有小学老师！"后排的一位家长喊到。（房间里又响起了一阵压低的笑声。）

"更讽刺的是，大多数中学的大多数课程都强调记忆，标准化考试的成绩既反映了一个学生的能力，也反映了一个家庭的经济状况。然而，当 CEO 被问及他们想要新员工有什么品质时，他们回答却是好奇心、创造力、主动性、社会责任感、批判性思维、协作与问题解决能力，[1] 还有对学习的终生热爱，这是最重要的。[2] 除非大量高校转变思维，优先考虑这些标准，否则你孩子的老师依然会承受巨大的压力，要在课程中涵盖不断扩大的教学内容，你的孩子也会常常被大量内容压得不堪重负——他们必须掌握这些东西，才能获得优秀的成绩和考试分数。"

我停不下来了。"可悲的是，没有什么比不堪重负的压力，更能打消对学习的热爱了。职业教育者都知道。他们跟你一样，也看到了这一点。他们也知道学习的科学。他们能看到孩子的眼袋。

他们知道，与能力较强的学生相比，能力较差的学生要做完作业，需要的时间是前者的两倍之多。他们也知道，对个人来说，学习成绩与做作业的时间是负相关的。[3]然而他们拒绝按照家庭作业指南行事，也拒绝限制学生的课外活动规划和参与。显然，与基于成绩的大学申请相比，睡眠和心理健康仍处于次要地位。如果招生委员会给的教学内容压力不是老师给孩子布置额外作业的原因，那为什么80%的中小学都继续忽视青少年睡眠、学习与心理健康的研究，拒绝在上午9:00或9:30开始上课，坚持在8:30之前上课？[4]

但老师该怎么做呢？与我交流过的美国、加拿大、英国、澳大利亚教师都告诉过我同样的事情，'克里斯，我们知道学校的节奏很不合理，但如果我们不在早上7:30或8:00开始上课，我们就讲不完课。如果我们限制学生选择课外活动，父母和孩子都会不满意'。"

在过去的50年来，教育越发强迫孩子们死记硬背，而不是教他们解决问题。

消除有害压力

在本书中，我们谈到除了父母之外，还有许多有害压力的来源——从歧视到不断的比较。为了孩子的健康，这些压力都必须予以消除。我们之所以在尾声关注高等教育，是因为它跨越了种族、阶层和地域，而且似乎比其他有害压力源更容易控制。除非少数精英高等学府开始采取不同的招生标准，否则我们的大多数孩子都会过度劳累，而且得不到良好的教育。2020年、2021年的新冠疫情迫使许多高校改变了它们的招生标准。也许这次健康危机有一个意外的好处，那就是开启了遏制"给孩子压力"的流行病的创造性势头——几十年来这种流行病一直困扰着很多家庭。

如果高等教育的决策者能召开一次峰会，同意让招生标准更多地衡量有利于维护劳动力健康、家庭稳定、社区和平的素质，那么我们的学区主管和校长就可以指导他们的中小学教师团队彻底改革他们的课程。记忆仍将是学习的一个组成部分，但重点将会是学习如何思考、合作、计划、创新，并为社区和世界做出积极贡献。课外活动仍将是儿童教育的重要组成部分，但重点将会是培养独创性、毅力和拓展见识，而不是等级、头衔或参与活动的多少。

试想一下，如果有影响力的成年人重新定义了何为"重要的结果"，那会发生什么。年轻人不会再感到不堪重负，而是会更多地享受"心流"体验——更多地与这个世界接触，让自己的头脑、身体或精神完全投入其中，以至于忘记了时间的流逝。

致　谢

克里斯·瑟伯博士

我非常感谢世界各地的父母和年轻人的坦率和谦逊，我有幸与他们讨论养育孩子的挑战与回报。我们都有变得更好的决心——既要把我们作为父母的工作做得更好，也要致力于改善这个对许多孩子来说十分残酷的世界。我非常感谢我亲爱的朋友，作家和出版商杰西卡·威廉姆斯·伯恩斯（Jessica Williams Burns）。她对写作、文化和我有着细致入微的了解，为我写作本书的早期书稿提供了宝贵的帮助。我也要感谢阿歇特出版集团的编辑和编辑助理——丹·安布罗西奥（Dan Ambrosio）和艾莉森·达拉法夫（Alison Dalafave）；感谢弗雷德·弗朗西斯（Fred Francis）和阿歇特 Go 制作团队的其他成员；感谢我出色的父母，他们从我幼儿园时起就一直阅读我的作品，并充满爱意地给予建议。当然，我还要特别感谢我的经纪人爱丽丝·马特尔（Alice Martell），她在工作中直言不讳、满怀热情。最后，我还要感谢亨德里在有一天说："我们应该一起写一本书。"没那么难，对吧，亨德里？

亨德里·魏辛格博士

首先，我要感谢朋友们对我的支持和热情。我要特别感谢肯尼·辛纳蒙（Kenny Cinnamon）教我 OLED 屏幕的重要性。我很感谢我的合著者克里斯，他的才华与周到使他成为完美的合作伙伴。感谢我的经纪人爱丽丝，她再次证明了她能在压力下表现出色。我还要感谢我们的编辑丹·安布罗西奥带领的阿歇特团队。丹有力地证明了好书的背后都有一个好编辑。最后，就像 007 一样，我最感谢的是"M"，他给我的生命注入了活力，改善了我的健康，增加了我的幸福感，并带来了许多爱的回忆。

注 释

引言

1. Whiting, B. B., & Whiting, J. W. M. (1975). *Children of Six Cultures: A Psycho-Cultural Analysis*. Cambridge, MA: Harvard University Press.

2. Yamamoto, Y., & Holloway, S. D. (2010). Parental Expectations and Children's Academic Performance in Sociocultural Context. *Educational Psychology Review*, 22(3), 189–214.

第 1 章

1. Smith, L. (March 12, 2019). College Admissions Bribery Scheme Affidavit. PDF. *Washington Post*.

2. Novotney, A. (2014). Students Under Pressure. *Monitor*, 45(8).

3. American Psychological Association. (2014). Survey Shows Teen Stress Rivals That of Adults. Retrieved November 11, 2019, from apa.org/news / press/releases/2014/02/teen-stress.

4. Lebowitz, S. (2018). 7 Ways Life Is Harder for Millennials Than It Was for Their Parents. BusinessInsider.com. Retrieved July 11, 2020, from https:// www.businessinsider.com/millennials-lives-compared-to-gen-x-baby- boomers-did-2018-3.

5. Miller-Day, M. (2003). Parental Pressures a Major Factor for Female College Students Considering Suicide. *Penn State News*. Retrieved November 17, 2019.

6. Wike, R., & Horowitz, J. M. (2008). Parental Pressure on Students. Pew Research Center. Retrieved November 17, 2019, from pewresearch.org/global/2006/08/24/parental-pressure-on-students/.

第 2 章

1. Zhou, W., & Goh, B. (2020). In Post-Lockdown China, Student Mental Health in Focus Amid Reported Jump in Suicides. Reuters. Retrieved July 12, 2020, from https://www.reuters.com/article/us-health-coronavirus-china-mental-healt/in-post-lockdown-china-student-mental-health-in-focus-amid-reported-jump-in-suicides-idUSKBN23H3J3.

2. Weisinger, H., & Pawliw-Fry, J. P. (2015). *Performing Under Pressure: The Science of Doing Your Best When It Matters Most*. New York: Crown Business.

3. Ibid.

第 3 章

1. Weisinger, H., & Pawliw-Fry, J. P. (2015). *Performing Under Pressure: The Science of Doing Your Best When It Matters Most*. New York: Crown Business.

2. 根据粮食不安全的衡量方式的不同, 轻、中、重度粮食不安全率也有所不同。美国农业部 2019 年的一项研究报告称, 美国有 12% 的人经历过中度到重度的粮食不安全。欧洲、中亚、东亚和太平洋地区 (包括澳大利亚) 也有类似的粮食不安全率, 而世界其他地方的该比率更高。在撒哈拉沙漠以南的非洲, 有大约 55% 的人处于粮食不安全状态 Smith, M. D., & Meade, B. (2019). Who Are the World's Food Insecure? Identifying the Risk Factors of Food Insecurity Around the World. *Amber Waves: USDA Economic Research Service, June* 3. Retrieved July 7, 2020, from https://www.ers.usda.gov/amber-waves/2019/june/who-are-the-world-s-food-insecure-identifying-the-risk-factors-of-food-insecurity-around-the-world

/#:~:text=Using%20the%20FIES%2C%20researchers%20found,percent
%20in%20high%2Dincome%20countries.

3. Capps, L., Sigman, M., Sena, R., Henker, B., & Whalen, C. (1996). Fear, Anxiety and Perceived Control in Children of Agoraphobic Parents. *Child Psychology & Psychiatry & Allied Disciplines*, 37(4), 445–452.

第 5 章

1. Rosenthal, R., & Jacobson, L. (1966). Teachers' Expectancies: Determinants of Pupils' IQ Gains. *Psychological Reports*, 19, 115–118.

2. 罗森塔尔和雅各布森使用了约翰·弗拉纳根（John Flanagan）1960 年版的"综合能力测试"（*Tests of General Ability*，TOGA）。弗拉纳根设计 TOGA 是为了测量一般智力的言语和非言语维度，但与当时其他智力测验一样，该测验具有西方主流文化的偏见，因此罗森塔尔与雅各布森研究（1966）的普遍适用性（即外部效度）有限。

3. Rosenthal, R., & Jacobson, L. (1968). Teacher Expectations for the Disadvantaged. *Scientific American*, 218, 22.

4. Ibid.

5. Gentrup, S., & Rjosk, C. (2018). Pygmalion and the Gender Gap: Do Teacher Expectations Contribute to Differences in Achievement Between Boys and Girls at the Beginning of Schooling? *Educational Research and Evaluation*, 24(3–5), 295–323.

6. Entwisle, D. R., Alexander, K. L., & Olson, L. S. (2005). First Grade and Educational Attainment by Age 22: A New Story. *American Journal of Sociology*, 110, 1458–1502.

7. Fan, X., & Chen, M. (2001). Parental Involvement and Students' Academic Achievement: A Meta-Analysis. *Educational Psychology Review*, 13, 1–22; Jeynes, W. H. (2005). Meta-Analysis of the Relation of Parental Involvement to Urban Elementary School Student Academic Achievement. *Urban Education*, 40(3), 237–269; Jeynes, W. H. (2007). The Relation-

ship Between Parental Involvement and Urban Secondary School Student Academic Achievement: A Meta-Analysis. *Urban Education*, 42(1), 82–110; Redd, Z., Guzman, L., Lippman, L., Scott, L., & Matthews, G. (2004). Parental Expectations for Children's Educational Attainment: A Review of the Literature. Prepared by Child Trends for the National Center for Education Statistics.

8. Singh, K., Bickley, P., Trivette, P., Keith, T. Z., Keith, P., & Anderson, E. (1995). The Effects of Four Components of Parental Involvement on Eighth-Grade Student Achievement: Structural Analysis of NELS-88 Data. *School Psychology Review*, 24(2), 299–317.

9. Catsambis, S., & Garland, J. E. (1997). Parental Involvement in Students' Education During Middle School and High School. *CRESPAR Report* 18. Baltimore, MD: Johns Hopkins University.

10. Redd, Guzman et al. (2004); Lippman, L., Guzman, L., Keith, J., Kinukawa, A., Schwalb, R., & Tice, P. (2008). Parent Expectations and Planning for College: Statistical Analysis Report. *U.S. Department of Education NCES* 2008-079. Washington, DC: National Center for Education Statistics, Institute of Education Sciences; Lippman, Guzman et al. (2008).

11. Astone, N. M., & McLanahan, S. S. (1991). Family Structure, Parental Practices and High School Completion. *American Sociological Review*, 56(3), 309–320.

12. Eskilson, A., Wiley, M. G., Muehlbauer, G., & Dodder, L. (1986). Parental Pressure, Self-Esteem and Adolescent Reported Deviance: Bending the Twig Too Far. *Adolescence*, 21(83), 501–515.

13. Randall, E. T., Bohnert, A. M., & Travers, L. V. (2015). Understanding Affluent Adolescent Adjustment: The Interplay of Parental Perfectionism, Perceived Parental Pressure, and Organized Activity Involvement. *Journal of Adolescence*, 41, 56–66.

第 6 章

1. Ginott, H. (1969). *Between Parent and Teenager*. New York: Avon.

2. Baumrind, D. (1967). Child Care Practices Anteceding Three Patterns of Preschool Behavior. *Genetic Psychology Monographs*, 75(1), 43–88.

3. Maccoby, E. E., & Martin, J. A. (1983). Socialization in the Context of the Family: Parent-Child Interaction. In Hetherington, E. M. (Ed.), *Mussen Manual of Child Psychology*(Vol. 4, 4th ed., 1–102). New York: Wiley.

4. Sauce, B., & Matzel, L. D. (2018). The Paradox of Intelligence: Heritability and Malleability Coexist in Hidden Gene-Environment Interplay. *Psychological Bulletin*, 144(1), 26–47.

第 7 章

1. Thurber, C. A., & Fair, N. (2019). Crackpot or Cracked Pot? Standardised Testing, Student Mental Health, and the Future of Boarding Schools. *Lights Out*, 12(1), 6–7.

2. Hibbard, D. R., & Walton, G. E. (2014). Exploring the Development of Perfectionism: The Influence of Parenting Style and Gender. *Social Behavior and Personality: An International Journal*, 42(2), 269–278.

3. Termeie, O. (2016). The Impact of Parent Expectations and Home and Neighborhood Influences on Education Goals. Retrieved March 8, 2020, from http://smhp.psych.ucla.edu/pdfdocs/parexp.pdf. See also: http://www.schoolmentalhealth.org/.

第 8 章

1. 黑熊是一个明显的例外。母熊通常每隔几年产下 2～5 只幼崽，但如果只有一只幼崽出生，母熊通常会抛弃它。生物学家认为，这是因为母熊必须在三个月内不吃东西的情况下哺乳和照顾孩子，这对母熊的生存威胁太大了，不值得在一个孩子身上冒险。

2. 精神分析师断言，早年的童年经历决定了我们的人格，各种无意识冲突（我们渴望的东西与我们实际可以拥有的东西之间的冲突）是许多行为和情绪异常的原因。例如，精神分析师可能会假设，如果父母反复严厉责备一个尿裤子的幼儿，幼儿就会长成一个有洁癖的成年人。在极端的情况下，这个成年人可能会患上强迫症。

3. 行为主义者断言，只有外在的奖励和惩罚（而非内在的、抽象的、难以衡量的思维和情绪）才能解释人类的行为。例如，如果父母在孩子哭泣时用食物或深情的抚摸奖励他，那么孩子很快就会学会在想要吃东西或拥抱的时候哭泣。

4. 这种研究方法是不合伦理的，在今天是不会被批准也不会有人这样做的。即使在当时，许多人都反对哈洛对灵长类动物做的极端孤立研究。尽管如此，哈洛的数据提供了宝贵的信息，就像现实世界中受到严重忽视的儿童的悲惨案例一样。

5. Bowlby, J. (1958). The Nature of the Child's Tie to His Mother. *International Journal of Psychoanalysis*, 39, 350–373.

6. Ainsworth, M. D. (1964). Patterns of Attachment Behavior Shown by the Infant in Interaction with His Mother. *Merrill-Palmer Quarterly*, 10(1), 51–58.

7. Ainsworth, M. D., & Bell, S. M. (1970). Attachment, Exploration, and Separation: Illustrated by the Behavior of One-Year-Olds in a Strange Situation. *Child Development*, 41(1), 49–67.

8. Rothenberg, W. A., Lansford, J. E., Bornstein, M. H., Chang, L., Deater-Deckard, K., Di Giunta, L., Dodge, K. A., Malone, P. S., Oburu, P., Pastorelli, C., Skinner, A. T., Sorbring, E., Steinberg, L., Tapanya, S., Uribe Tirado, L. M., Yotanyamaneewong, S., Alampay, L. P., Al-Hassan, S. M., & Bacchini, D. (2020). Effects of Parental Warmth and Behavioral Control on Adolescent Externalizing and Internalizing Trajectories Across Cultures. *Journal of Research on Adolescence*. Advance online publication. https://doi.org/10.1111/jora.12566.

9. 情绪感染是一种本能的、原始的共情，我们在第9、10章讨论得更多。有趣的是，人类婴儿、成年人，甚至狗听到婴儿的哭声都会表现出情绪反应。参阅：Yong, M. H., & Ruffman, T. (2014). Emotional Contagion: Dogs and Humans Show a Similar Physiological Response to Human Infant Crying. *Behavioural Processes*, 108, 155–165; and Martin, G. B., & Clark, R. D. (1987). Distress Crying in Neonates: Species and Peer Specificity. *Developmental Psychology*, 18, 3–9.

10. 此时也可能产生了一种叫"抗拒"（reactance）的现象。这个概念最早是由杰克·W. 布雷姆（Jack W. Brehm）于1966年提出的。抗拒是指当人们的行动自由受到威胁或丧失的时候，产生的一种不愉快的动机。抗拒会使人想或者做一些事情（有时是冲动的、非理性的），来试图恢复自己的自由。如果娜丁觉得家务活威胁到了她的社交自由，那么我们也可以认为她选择不倒垃圾，是为了找回给朋友发短信的时间。

第9章

1. Harris, B. (2004). *When Your Kids Push Your Buttons and What You Can Do About It*. New York: Grand Central Publishing.

2. Lansford, J. E., Godwin, J., Al-Hassan, S. M., Bacchini, D., Bornstein, M. H., Chang, L., Chen, B.-B., Deater-Deckard, K., Di Giunta, L., Dodge, K. A., Malone, P. S., Oburu, P., Pastorelli, C., Skinner, A. T., Sorbring, E., Steinberg, L., Tapanya, S., Alampay, L. P., Uribe Tirado, L. M., & Zelli, A. (2018). Longitudinal Associations Between Parenting and Youth Adjustment in Twelve Cultural Groups: Cultural Normativeness of Parenting as a Mod-erator. *Developmental Psychology*, 54(2), 362–377.

第11章

1. Seligman, M. E. P. (2004). *Authentic Happiness: Using the New Positive Psychology to Realize Your Potential for Lasting Fulfillment*. New York: Simon & Schuster.

2. Dweck, C. S. (2007). *Mindset*: *The New Psychology of Success*. New York: Ballantine.

3. Sisk, V. F., Burgoyne, A. P., Sun, J., Butler, J. L., & Macnamara, B. N. (2018). To What Extent and Under Which Circumstances Are Growth Mind-Sets Important to Academic Achievement? Two Meta-Analyses. *Psychological Science*, 29(4): 549–571.

4. Yeager, D. S., Hanselman, P., Walton, G.M., et al. (2019). A National Experiment Reveals Where a Growth Mindset Improves Achievement. *Nature*, 573, 364–369.

5. Lepper, M. R., & Greene, D. (1975). Turning Play into Work: Effects of Adult Surveillance and Extrinsic Rewards on Children's Intrinsic Motivation. *Journal of Personality and Social Psychology*, 31, 479–486.

6. 当然，夫妻经常这样做。大多数争吵都在争论事实，而没有深入探讨想法与感受。

7. 你可以在网站上更多地了解罗斯·格林博士的非营利组织。

8. 美国心理学家和人际关系研究者约翰·莫迪凯·戈特曼（John Mordecai Gottman）在已婚夫妻之中研究了这些以及其他沟通方式。他声称，人们争吵方式比争吵内容更能反映他们关系的健康程度。他的一个主要结论是：在冲突中为了理解伴侣而争吵的夫妻，比为了赢得争论而争吵的夫妻更有可能长久。这里给父母和孩子的教训是：下次你们争论的时候（顺便说一句，这很正常），不要试图证明自己是对的，别人是错的。相反，要试着证明你真的理解对方的想法和感受。这样不仅对你们的关系有益，甚至可能鼓励对方也用同样的方式对待你。

第 12 章

1. Marsh, A., Zavilla, S., Acuna, K., & Poczwardowski, A. (2015). Perception of Purpose and Parental Involvement in Competitive Youth Sport. *Health Psychology Report*, 3(1), 13–23.

2. Barger, M. M., Kim, E. M., Kuncel, N. R., & Pomerantz, E. M. (2019).

The Relation Between Parents' Involvement in Children's Schooling and Children's Adjustment: A Meta-Analysis. *Psychological Bulletin*, 145(9), 855–890.

3. Khaleque, A. (2015). Perceived Parental Neglect, and Children's Psychological Maladjustment, and Negative Personality Dispositions: A Meta-Analysis of Multi-Cultural Studies. *Journal of Child and Family Studies*, 24(5), 1419–1428.

4. 2020 年 7 月 1 日检索于网络。

5. Vygotsky, L. S. (1978). *Mind in Society*: *The Development of Higher Psychological Processes*. Cambridge, MA: Harvard University Press.

6. Werner, E. E. (2000). Protective Factors and Individual Resilience. In Shonkoff, J. P., & Meisels, S. J. (Eds.) *Handbook of Early Childhood Intervention*. Cambridge: Cambridge University Press.

第 13 章

1. Curtin, S. C., Heron, M., Mini.o, A. M., & Warner, M. (2018). Recent Increases in Injury Mortality Among Children and Adolescents Aged 10–19 Years in the United States: 1999–2016. *National Vital Statistics Reports* 67(4). Hyattsville, MD: National Center for Health Statistics.

2. Harris, D. A. (1999). *Driving while Black*: *Racial profiling on our nation's highways*. ACLU.org. https://www.aclu.org/report/driving-while-black-racial-profiling-our-nations-highways. Retrieved on July 8, 2020.

3. 这种对社会正义的主动态度就是反种族主义的本质。被动地避免公开的种族主义行为，比如不做带有偏见的行为，是结束种族主义必要但不足够的方式。要进行初步的深入讨论，我们推荐伊布拉姆·X. 肯迪（Ibram X. Kendi）的《如何成为一名反种族主义者》（*How to Be an Antiracist*）以及播客"教导需要的东西"（*Teaching What It Takes*）。

4. Noble, A. (2019). Skin Lightening Is Fraught with Risk, but It Still Thrives in the Asian Beauty Market—Here's Why. *Vogue*. Retrieved on July 9,

2020, from https://www.vogue.com/article/skin-lightening-risks-asian-beauty-market.

5. Dadzie, O. E., Petit, A. J. (2009). Skin bleaching: Highlighting the misuse of cutaneous depigmenting agents. *Journal of the European Academy of Dermatology and Venereology*, 23(7), 741–750.

6. Shroff, H., Diedrichs, P. C., & Craddock, N. (2018). Skin color, culture capital, and beauty products: An investigation of the use of skin fairness products in Mumbai, India. *Front Public Health*, 5:1–9.

7. Sidharth Sonthalia, S., Jha, A. K., Lallas, A., Jain, G., & Jakhar, D. (2018). Glutathione for skin lightening: A regnant myth or evidence-based verity? *Dermatology Practical & Conceptual*, 8(1), 15–21.

8. Maritz, D. (2012). *What are the main causes of genocide?* E-International Relations. Retrieved on September 27, 2020, from https://wwwz.e-ir.info/2012/07/12/what-are-the-main-causes-of-genocide/.

9. Weisinger, H., & Pawliw-Fry, J. P. (2015). *Performing Under Pressure: The Science of Doing Your Best When It Matters Most*. New York: Crown Business.

10. Clutton-Brock, T. H., O'Riain, M. J. O., Brotherton, P. N. M., Gaynor, D., Kansky, R., Griffin, A. S., et al. (1999). Selfish sentinels in cooperative mammals. *Science*, 284, 1640–1644.

11. Allchin, D. (2009). The evolution of morality. *Evolution: Education and Outreach*, 2, 590–601.

12. Luthar, S. S., Marc, N. L., & Zillmer, N. (2020). High-achieving schools connote risks for adolescents: Problems documented, processes implicated, and directions for interventions. *American Psychologist*, 75(7), 983–995.

13. Lee, H. (2020). Understanding associations between family economic hardship and primary school-aged children's behavioral and socio-emotional outcomes: Mediating mechanisms and the moderating role of parental social

support. *Dissertation Abstracts International: Section B: The Sciences and Engineering*, 82(1-B).

14. Solantaus, T., Leinonen, J., & Punamäki, R.-L. (2004). Children's mental health in times of economic recession: Replication and extension of the family economic stress model in Finland. *Developmental Psychology*, 40(3), 412–429.

15. Oishi, S., Kushlev, K., & Schimmack, U. (2018). Progressive taxation, income inequality, and happiness. *American Psychologist*, 73(2), 157–168.

16. Mohanty, M. S. (2014). What determines happiness? Income or attitude: Evidence from the US longitudinal data. *Journal of Neuroscience, Psychology, and Economics*, 7(2), 80–102.

17. 据记者梅里尔·珀尔曼（Merrill Perlman）的报道，"交叉性的概念是由民权活动家、法律学者金伯利·克伦肖（Kimberlé Crenshaw）于 1989 年提出的。克伦肖在《芝加哥大学法律论坛》（*University of Chicago Legal Forum*）的一篇文章中写道，传统女权主义思想和反种族主义政策将黑人女性排除在外，因为她们面临着特殊的多重歧视。'因为交叉性的体验大于种族主义与性别歧视之和，所以任何没有考虑交叉性的分析，都不能充分解决黑人女性处于不利地位的特殊问题。'"值得注意的是，有些学者批评交叉性理论的适应性有限。他们认为，尽管人们可以用交叉性来描述一个人面临的多方面歧视，但不能将这个概念合理地用于描述整个受压迫者群体或压迫性的制度，如奴隶制。

18. Luthar, S. S., Barkin, S. H., & Crossman, E. J. (2013). "I can, therefore I must": Fragility in the upper-middle classes. *Development and Psychopathology*, 25, 1529–1549.

19. Werner, E. E., & Smith, R. A. (1979). A report from the Kawai longitudinal study. *Journal of the American Academy of Child & Adolescent Psychiatry*, 18(2), 292–306.

20. Luthar, S. S., Kumar, N. L., & Zillmer, N. (2020). High-achieving

schools connote risks for adolescents: Problems documented, processes implicated, and directions for interventions. *American Psychologist*, 75(7), 983–995.

21. Luthar, S. S., Curlee, A., Tye, S. J., Engelman, J. C., & Stonnington, C. M. (2017). Fostering resilience among mothers under stress: "Authentic Connections Groups" for medical professionals. *Women's Health Issues*, 27, 382–390.

第 14 章

1. Zhao, X., Selman, R. L., & Haste, H. (2015). Academic Stress in Chinese Schools and a Proposed Preventive Intervention Program, *Cogent Education*, 2(1). doi: 10.1080/2331186X.2014.1000477; Ping, Y. D. (2018). *Education Blue Book: China Education Development Report*.

2. Boere, J. J., Fellinger, L., Huizinga, D. J. H., Wong, S. F., & Bijleveld, E.(2016). Performance Pressure and Caffeine Both Affect Cognitive Performance, but Likely Through Independent Mechanisms. *Brain and Cognition*, 102, 26–32.

3. Hofmans, J., Debusscher, J., Dóci, E., Spanouli, A., & De Fruyt, F. (2015). The Curvilinear Relationship Between Work Pressure and Momentary Task Performance: The Role of State and Trait Core Self-Evaluations. *Frontiers in Psychology*, 6, article 1680.

4. Weisinger, H., & Pawliw-Fry, J. P. (2015). *Performing Under Pressure: The Science of Doing Your Best When It Matters Most*. New York: Crown Business.

5. Dasinger, T. M. (2014). *Parental Pressure, Anxiety, and Performance Among Age Group Swimmers*. LSU master's thesis. Retrieved July 22, 2020, from https://digitalcommons.lsu.edu/gradschool_theses/4296.

6. Bois, J. E., Lalanne, J., & Delforge, C. (2009). The Influence of Parenting Practices and Parental Presence on Children's and Adolescents' Pre-

Competitive Anxiety. *Journal of Sports Sciences*, 27(10), 995–1005.

7. Lauer, L., Gould, D., Roman, N., & Pierce, M. (2010). Parental Behaviors that Affect Junior Tennis Player Development. *Psychology of Sport and Exercise*, 11(6), 487–496.

8. Leff, S. S., & Hoyle, R. H. (1995). Young Athletes' Perceptions of Parental Support and Pressure. *Journal of Youth and Adolescence*, 24(2), 187–203.

9. Scanlan, T. K., & Lewthwaite, R. (1986). Social Psychological Aspects of Competition for Male Youth Sport Participants: IV. Predictors of Enjoyment. *Journal of Sport Psychology*, 8(1), 25–35.

10. Beckmann, J., Gröpel, P., & Ehrlenspiel, F. (2013). Preventing motor skill failure through hemisphere-specific priming: Cases from choking under pressure. *Journal of Experimental Psychology*: General, 142(3), 679–691.

结语

1. Partnership for 21st Century Skills. (2014). Resources for Educators. Retrieved on July 1, 2020, from http://www.p21.org/our-work/resources / for-educators.

2. Coleman, J. (2017). Make Learning a Lifelong Habit. *Harvard Business Review*, January 24.

3. Fernández-Alonso, R., Álvarez-Díaz, M., Suárez-Álvarez, J., & Muñiz, J. (2017). Students' achievement and homework assignment strategies. *Frontiers in Psychology*, 8, Article 286.

4. Berger, A. T., Widome, R., & Troxel, W. (2019). Delayed School Start Times and Adolescent Health. In Grandner, M. A. (Ed.) *Sleep and Health*, 447–454. New York: Academic Press.

青春期

《欢迎来到青春期：9~18岁孩子正向教养指南》

作者：[美]卡尔·皮克哈特 译者：凌春秀

一份专门为从青春期到成年这段艰难旅程绘制的简明地图；从比较积极正面的角度告诉父母这个时期的重要性、关键性和独特性，为父母提供了青春期4个阶段常见问题的有效解决方法

《女孩，你已足够好：如何帮助被"好"标准困住的女孩》

作者：[美]蕾切尔·西蒙斯 译者：汪幼枫 陈舒

过度的自我苛责正在伤害女孩，她们内心既焦虑又不知所措，永远觉得自己不够好。任何女孩和女孩父母的必读书。让女孩自由活出自己、不被定义

《青少年心理学（原书第10版）》

作者：[美]劳伦斯·斯坦伯格 译者：梁君英 董策 王宇

本书是研究青少年的心理学名著。在美国有47个州、280多所学校采用该书作为教材，其中包括康奈尔、威斯康星等著名高校。在这本令人信服的教材中，世界闻名的青少年研究专家劳伦斯·斯坦伯格以清晰、易懂的写作风格，展现了对青春期的科学研究

《青春期心理学：青少年的成长、发展和面临的问题（原书第14版)》

作者：[美]金·盖尔·多金 译者：王晓丽 周晓平

青春期心理学领域经典著作
自1975年出版以来，不断再版，畅销不衰
已成为青春期心理学相关图书的参考标准

《读懂青春期孩子的心》

作者：马志国

资深心理咨询师写给父母的建议
解读青春期孩子真实的心灵
解开父母心中最深的谜

儿 童 期

《自驱型成长：如何科学有效地培养孩子的自律》

作者：[美] 威廉·斯蒂克斯鲁德 等　译者：叶壮

樊登读书解读，当代父母的科学教养参考书。所有父母都希望自己的孩子能够取得成功，唯有孩子的自主动机，才能使这种愿望成真

《聪明却混乱的孩子：利用"执行技能训练"提升孩子学习力和专注力》

作者：[美] 佩格·道森 等　译者：王正林

聪明却混乱的孩子缺乏一种关键能力——执行技能，它决定了孩子的学习力、专注力和行动力。通过执行技能训练计划，提升孩子的执行技能，不但可以提高他的学习成绩，还能为其青春期和成年期的独立生活打下良好基础。美国学校心理学家协会终身成就奖得主作品，促进孩子关键期大脑发育，造就聪明又专注的孩子

《有条理的孩子更成功：如何让孩子学会整理物品、管理时间和制订计划》

作者：[美] 理查德·加拉格尔　译者：王正林

管好自己的物品和时间，是孩子学业成功的重要影响因素。孩子难以保持整洁有序，并非"懒惰"或"缺乏学生品德"，而是缺乏相应的技能。本书由纽约大学三位儿童临床心理学家共同撰写，主要针对父母，帮助他们成为孩子的培训教练，向孩子传授保持整洁有序的技能

《边游戏，边成长：科学管理，让电子游戏为孩子助力》

作者：叶壮

探索电子游戏可能给孩子带来的成长红利；了解科学实用的电子游戏管理方案；解决因电子游戏引发的亲子冲突；学会选择对孩子有益的优质游戏

《超实用儿童心理学：儿童心理和行为背后的真相》

作者：托德老师

喜马拉雅爆款育儿课程精华，包含儿童语言、认知、个性、情绪、行为、社交六大模块，精益父母、老师的实操手册；3年内改变了300万个家庭对儿童心理学的认知；中南大学临床心理学博士、国内知名儿童心理专家托德老师新作

更多>>>　《正念亲子游戏：让孩子更专注、更聪明、更友善的60个游戏》作者：[美] 苏珊·凯瑟·葛凌兰 译者：周玥 朱莉
　　　　　《正念亲子游戏卡》作者：[美] 苏珊·凯瑟·葛凌兰 等 译者：周玥 朱莉
　　　　　《女孩养育指南：心理学家给父母的12条建议》作者：[美] 凯蒂·赫尔利 等 译者：赵菁